ドラッカー再発見

もう一つの読み方

坂本和一 著
Sakamoto Kazuichi

法律文化社

まえがき

「マネジメントの発明者」といわれ、二〇世紀の「知の巨人」といわれたピーター・F・ドラッカーはその数々の著書、論文をとおして、私たちに幾多の「慧眼」を残した。本書は、そのいくつかを現実の問題に即してあきらかにしてみようとするものである。

ドラッカーは、一九三九年刊行の処女作『経済人の終わり』から六五年余の著述活動のなかで三〇冊を超える著作を刊行した。それらは、周知のように、企業管理論、経営戦略論にとどまらず、広く産業社会論、文明社会論に及んだ。しかし今振り返ってみると、「マネジメントの発明者」として知られる企業経営論、経営戦略論の世界も、実は、彼の産業社会論、文明社会論の土台があって構築されたものであることがわかる。彼自身、自らを「社会生態学者」と呼ぶことを好んだといわれるが、それはこのような重層的な彼の著述活動の特質を自ら表現したかったからであろう。

ドラッカーは、その数多くの著作を通して、さまざまな社会事象に数々の明晰かつ深い洞察を残した。それらについては、これまで多くの論者が種々の関心から取り上げ、紹介し、論評してきた。ある意味では、ドラッカーはもはや論じ尽されてきた感がしないでもない。生前、彼の著作が刊行されるたびに、数多くの論評が書評面を飾った。

しかし、これまでの多くのドラッカー論を振り返ってみると、彼の深い洞察に充ちた叙述をそれ自体として、原理的、一般的な正鵠さを論評、評価する種類のものが多かったように思われる。これに対して、ドラッカーのさまざまな洞察を、原理論、一般論としてだけではなく、今日私たちが直面している現実の問題に照らしてその洞察の歴史的正鵠さ、先見性を確認する作業は、それほど多くはないように思われる。

本書は、今日私たちが社会的に直面しているいくつかの現実的な問題に照らして、ドラッカーがいかに先見的な考察を私たちに残したのか、いわば「ドラッカーの歴史的慧眼」を発掘してみようとする試みである。

ここで取り上げるテーマは、以下の四つである。

1　「二一世紀文明」とドラッカー

2　GMとドラッカー

3　GEとドラッカー

4　大学のイノベーションとドラッカー

1は、今日展開しつつある二一世紀が二〇世紀とは異なる、新しい固有の文明を構築するとするならば、どのようなディメンジョンの基本課題を解決しなければならないか、という問いを前提として、そのような「二一世紀文明」の基本的課題についてドラッカーがいかに先駆的に将来を洞察していたかをあきらかにするものである。実は、このテーマにはもう一つの伏線がある。それは、ここで問題とする「二一世紀文明」とは、私の理解では、具体的には「アジア太平洋文明」であろうということである。そうであるとすれば、この到来しつつある「アジア太平洋文明」についてドラッカーが実際にどのような基本課題を提起し、それらの解決のために、「アジア太平洋文明」が実際にどのように貢献できるのかという問題である。

1が文明論レベルでのドラッカー論であったとすれば、2と3は企業論レベルでのドラッカー論である。

2は、二〇世紀の米国企業を代表してきたGM（ゼネラル・モーターズ）の、今日の窮状とドラッカーの関係を問うものである。GMは自他ともに認める、二〇世紀の米国を代表する企業であった。少なくとも一九七〇年代まではそうであった。しかし、このGMが、一九八〇年代以来、病んでいる。とくに二一世紀に入ってからの窮状は、一九七〇年代までのGMを知る者には信じがたい状況である。二〇〇七年には三八七億三二〇〇万ドル（約四兆一〇〇〇億円）という過去最大の赤字を計上し、これでここ三年連続の赤字に陥った。また、この年、GMは、史上はじめて自動車生産世界ナンバー1の座をトヨタに譲った。しかし、GMがこのような状況に陥る危険を早くから警告していたのは、ドラッカーであった。

ドラッカーは、だれよりもGMの内情を知る人物であった。しかも、GMの今日を築いた、かのアルフレッド・P・スローンと格別に親しい関係にあった。彼の最初の経営書である一九四六年刊行の『企業とは何か』は、内部調査にもとづいてGMの組織の実情を本格的にあきらかにしたはじめての書であったが、このGMの内部調査を支援したのは、スローン自身であった。そのドラッカーの最初の経営書そのものが、GMの将来に警告を発し、改革の実行を提案していた。

しかし、GMは一九八〇年代以来、繰りかえし経営の困難に直面しながら、今日に至るまで、ドラッカーの勧める改革を実行することなくやってきている。世界の自動車市場のパラダイムも、グローバリゼーションと資源・エネルギー環境の変化、消費者の価値観の変容のなかで大きく転換してきている。それにもかかわらず、GMは、なぜ決定的な改革を断行できないのか。2は、ドラッカーの警告との関係で、この問題を考える。

3は、同じく二〇世紀の米国を代表する企業、GE（ゼネラル・エレクトリック）とドラッカーの関係を問うものである。ドラッカーの生涯を振り返ると、彼が経営コンサルタントを務めた数々の著名企業のなかでも、とくにGEとは深い関係があった。彼は、『企業とは何か』を著わした直後の一九五〇年代と、ジャック・F・ウェルチが会長に就任した一九八〇年代前半の、二回にわたり、請われてGEのコンサルタントを務めた。

とくに一九五〇年代のコンサルタントの時期には、GEは以後世界の多くの企業がモデルとした、精緻な事業部制組織を構築した。他方ドラッカーは、GEでの経験をもとに、のちに「マネジメントの発明者」として社会的地位を不動のものにする名著『現代の経営』を刊行した（一九五四年）。また一九八〇年代には、ウェルチの事業戦略を親しく指南したといわれる。

このようなドラッカーとGEの緊密な関係のなかで、ドラッカーはとくに一九八〇年代ウェルチの企業改革に、何を期待したのであろうか。また、ウェルチとGEは、そのドラッカーの期待にどのように応え得たのであろうか。3は、一九八八年に著わされたドラッカーの論文「情報が組織を変える」（『ハーバード・ビジネス・レヴュー』誌掲載。この論文は、当初、「未来型組織の構想」という題で『DIAMOND ハーバード・ビジネス』誌上に紹介された）を通してこの問題を考える。

4は、私自身が実践的に経験してきた大学のイノベーションのなかでのドラッカー論である。ドラッカーは早くから企業活動の最も基本的な機能として、マーケティングとイノベーションを挙げたことは有名である。このイノベーションについて、はじめてそれ自体をテーマとして世に問うた名著が一九八五年刊行の『イノベーションと企業家精神』である。

この著作のなかで、私のような大学の管理運営に携わった者には、有名な「イノベーションのための七つの機会」もさることながら、実践的には、企業とは異なる公的機関におけるイノベーションの固有の難しさと不可欠さを説いた、同書第一四章「公的機関における企業家精神」が大いに励ましとなった。

このようなドラッカーの励ましを背景に、私自身が関わった大学のイノベーションについては、別の拙著で触れたことがある（『大学のイノベーション——経営学と企業改革から学んだこと』二〇〇七年、東信堂、を参照）。そのような経験をドラッカーのいう「イノベーションの原理」という視点から、もう一度分析し、私なりにイノベーション実践のいくつかの原則を抽出してみる。これが4のテーマである。

一般によく見られる、ドラッカー自身の著作内容そのものの理解や評価を中心としたドラッカー論からすれば、本書のようなドラッカー論は、いささか奇異な、例外的なものと見られるかもしれない。しかし、ドラッカーを論ずる際、原理論的なドラッカー論と同時に、私のような、いわば歴史論的なドラッカー論があっても許されるのではないか、という思いから本書を刊行することにした。これが、ドラッカーの「もう一つの読み方」となればというのが、本書に込めた著者の気持ちである。本書のようなドラッカー論を考えた場合、私の勉強不足で気がつかなかった点が多々残されているであろうことを覚悟している。読者各位のご指摘、ご教示を賜ればこの上なき幸いである。

本書の執筆に際しては、ドラッカー学会代表で、現在ドラッカーの著書の邦訳を全面的に担っておられる上田惇生氏から多くのご教示と励ましをいただいた。改めて深く謝意を表する次第である。学術書の出版状況が厳しいなか、今回も『アジア太平洋時代の創造』(二〇〇三年)と同様、法律文化社にお世話になった。同社社長秋山泰様、顧問岡村勉様のご厚意に心より感謝申し上げる。また、細かい注文の多い編集作業をきちんと処理して下さった製作部の野田三納子さんのご苦労に厚くお礼を申し上げたい。

二〇〇八年一月

坂本和一

もくじ

第2章　ＧＭとドラッカー
――スローンはなぜドラッカー『企業とは何か』を無視したのか。その結果は――

第3章　ＧＥとドラッカー
──ＧＥの経営改革に果たしたドラッカーの役割と、ドラッカーが得たもの──

第4章　大学のイノベーションとドラッカー
――ドラッカー『イノベーションと企業家精神』が提起したもの――

第1章　「二一世紀文明」とドラッカー

——来るべき「アジア太平洋文明」の果たすべき役割は何か——

ピーター・F・ドラッカー
1998年2月著者が米国カリフォルニア州クレアモントの自宅訪問の際に撮影

「われわれはいまなお、過去三百年来の世界観を踏襲し、学校でもそれを教えている。しかしそれはもはや過去のものとされている。一方、新しい世界観にはまだ呼び名もなく、分析道具や研究方法、適当な用語もないありさまである。しかし『世界観』というものは、名前がなくとも経験として存在するもので、それはすでに美術活動や哲学的分析、専門用語の基礎となっている。しかも、われわれはすでにこの十五年ないし二十年ほどの短い間に、この新しい基本体系を体得してしまったのである。」

——Drucker, P. F. (1957), *The Landmarks of Tommorrow*：現代経営研究会訳『変貌する産業社会』ダイヤモンド社、一九六〇年、一〇ページ。

はじめに――ドラッカーにおけるもう一つの「断絶」

二〇世紀の「知の巨人」ドラッカーは、その九六年の生涯に数多くの著作を残した。そのなかで、「企業経営」論、「マネジメント」論の領域を越えて、自称「社会生態学者」として、幾多の「文明」論的知見を残したことは周知のとおりである。

ここで、ドラッカーと文明論といえば、だれもが瞬時に思い起こすのは、まずは『断絶の時代』(一九六九年)であり、『ポスト資本主義社会』(一九九三年)であろう。

とくに、一九六〇年代末、まだ多くの人々が、すすみ行く将来を二〇世紀の現在の直線的延長上でしか想定していなかった時代に、来るべき近未来の時代の「断絶」を説いた『断絶の時代』は、社会に大きな衝撃を与えた。

ドラッカーは『断絶の時代』のなかで、時代はすでに、これまでの資本主義の時代とは根源的に異なる、「断絶の時代」に入っていると喝破した。ドラッカーは、「偉大な一九世紀の建造物の完成に精を出している間に、まさに土台そのものが変化を始めたのである」とのべている〔Drucker (1969):邦訳、七ページ〕。

このなかでドラッカーが強調した「断絶」は、つぎの四つである〔Drucker (1969):iii～vページ〕。

第一 「新技術、新産業が生まれる。同時に、今日の重要産業や大事業が陳腐化する。」「企業家の時代」の到来である。

第二　「世界経済が変わる。」「すでに世界経済はグローバル経済になっている。」「グローバル化の時代」の到来である。

第三　「社会と政治が変わる。いずれも多元化する。」「多元化した社会の時代」「組織社会の時代」の到来である。

第四　「最も重要なこととして、知識の性格が変わる。すでに知識は、中心的な資本、費用、資源となった。」「知識の時代」の到来である。

『断絶の時代』は、当時の「はやり言葉」の様相さえ呈したが、それは人々に、二〇世紀とは質の異なる「二一世紀文明」の到来を鮮烈に意識させることになった。

しかし、ドラッカーには、『断絶の時代』に示された時代の「断絶」を含みつつも、もう一つレベルの異なる「断絶」の認識、二〇世紀とは異なる「二一世紀文明」の認識がある。

ここで問題とするのは、このことである。

この、ドラッカーにおけるもう一つの「断絶」認識は、実はかれのいずれかの単一の著作で示されたものではない。それは、かれの数々の著作のなかで、いわば連鎖的に表明されてきたものである。

その連鎖の環の一つ一つは、のちに示すように、今日ではすでにひろく人口に膾炙しているところである。しかし、それらを繋げてみたとき、そこにドラッカーが先駆的に認識していた、もう一つの「断絶」、新たな「二一世紀文明」論が浮かび上がる。それは、私の知る限りでは、これまであまり一般的に認識されてきたことではない。

本章では、この、ドラッカーにおけるもう一つの「二一世紀文明」論をあきらかにしてみたい。

1　「二一世紀文明」の基本課題と「アジア太平洋文明」

しかし、このようなドラッカーの「二一世紀文明」論を浮かび上がらせるには、一つの仕掛けが必要である。それは、文明認識の土台、理論的フレームワークである。まずそれがどのようなものであるか、ということが問題となる。

もとよりそれは、論者によっていろいろな角度から考えられるであろう。ここでは、筆者流の認識土台を提示することになる。それは結論的にいえば、その文明が歴史的に担うべき「基本的な課題」はなにか、ということである。

新しい「二一世紀文明」の可能性と、その基本課題については、すでに日本の文明論研究を代表する伊東俊太郎氏の見解がある。

伊東氏は、長い人類文明史の流れの中で、私たちは今、一七世紀以来の「科学革命」の段階から、さらに新しい「環境革命」の段階を迎えようとしている、とのべている。というよりも、もっと積極的に、このような新しい段階を迎えなければならない、と主張している。その引き金になるのは、今日人類が直面している「地球環境問題」である。しかもそのインパクトは、一七世紀の「科学革命」にはじまる近代科学技術文明のあり方のすべてに再検討と変革を迫るものであるとされ、そのために、①「科学技術」のあり方、②それを支える「世界観」、さらに③その根本にある「文明概念」の再検討を主張する。

まず①「科学技術」のあり方については、「科学技術」は単なる科学者集団の自閉的な「知識のための知識」、内に閉された自存的な体系ではなく、人間の生存、地球の存立にかかわる「生存のための科学技術」として目標を定めなければならない、とする。

②それを支える「世界観」については、一七世紀の「科学革命」以来「科学技術」の発展を支えた「機械論」的な世界観から脱して、宇宙のすべてを生ける自己組織系の「生世界」として捉え直し、人間も地球、自然の一環として共生するという世界観への転換を主張する。

③さらに「文明概念」については、近代における物的な豊かさ、利便さ、快適さだけを尺度とする偏向から脱却し、外的、物質的なものから、より内面的、精神的なものへと転換していかなければならない、と主張する〔伊東俊太郎（1997）、二一一～二一四ページ〕。

この伊東氏の指摘は貴重である。この伊東氏の指摘を参考にしながら、ここで「二一世紀文明」が人類文明史のうえで負うべき基本課題について考えてみる。

ここで提示するのは、ある意味では私流のものということになるが、私は、これを以下の五つの柱で整理してみたい。

第一　その文明が果たさなければならない「人類史的な解決課題」
第二　その文明の機能を支える「基本資源」
第三　その文明の運動を支える「基軸社会組織」
第四　その文明の根底に作用する「思考様式」あるいは「世界観」
第五　その文明の発展を主導する「基軸地域」

直面する「二一世紀文明」の課題としていえば、これらの五つの側面で、これまでの「近代文明」、具体的には「欧州・米国（欧米）文明」を超えるものを構築できるか問われているということである。

このことをもう少し具体的にいえば、つぎのようである。

第一の「人類史的な解決課題」についていえば、すでに人類文明史の脈絡のなかであきらかにされてきているように、今日人類は、地球環境の保全、資源とエネルギーの持続的調達、人口と食料の問題、それに伴う貧困問題の解決、国際平和秩序と人間の安全保障といった、その生存の根本にかかわる「地球規模の諸問題（いわゆる、グローバル・プロブレム）」に直面している。これらの課題はいずれも、その解決のために、個別国家の利害を超えた取組みが求められる。

このなかでも、とくに重要な課題は、何といっても「地球環境問題」である。「地球環境問題」の解決を機軸とする『環境革命』が新しい文明の時代の最大の課題であることは、いまや多くの人々の見解の一致するところであろう。

今日人類が直面する「人類史的な解決課題」という場合、このような「地球規模の諸問題」と同時に、米国、欧州諸国、日本などが直面している「成熟社会の諸問題（いわゆる、フロンティア・プロブレム）」がある。社会・経済の領域では、たとえば経済の持続的成長、社会的費用増大への対応、人口の高齢化、価値観の多様化、社会の高度情報化に伴う諸問題があり、また科学技術の領域では、たとえば遺伝子操作、宇宙開発、原子力利用、高度情報技術の普及などに伴う諸問題など、これまで人類社会が直面したことがなかった諸課題が生じてきている。新しい文明の時代は、とくに先進諸国にこのような課題解決への挑戦を求めている〔以上、「人類史的な解決課題」については、日本総合研究所（1993）、第一部（田坂広志氏執筆）を参照〕。

第二の「基本資源」についていえば、これまでの近代文明は言葉をかえれば資本主義文明であり、ここにおいては、「資本」こそが社会の基本資源であった（因みに、近代以前においては、「土地」が基本資源であったともいえる）。これに対して、これからの二一世紀文明における基本資源は、「資本」と並んで、あるいは「資本」の内実を構成する最重要要素として、「知識」が大きなウエイトを占めるようになる。そこで、新しい文明の時代においては、このような社会の基本資源としての「知識」をいかにして創造するかという、いわば「知識革命」が課題となる。

第三の「基軸社会組織」については、これまでの近代文明においては「政府」と「企業」が社会の二大機軸組織であった。とくに「企業」は、政府と並んで、近代文明を特徴付ける最大の社会組織要素であった。これに対して、これからの二一世紀文明においては、「政府」「企業」と並んで、第三の社会組織としての「非営利組織」、いわゆる「NPO」が社会的な問題解決に大きな役割を果たすようになる。そこで、新しい文明の時代においては、このような新しい社会組織を健全に育成する「社会組織革命」、「非営利組織革命」が課題となる。

第四の「思考様式」についていえば、近代文明においては、デカルトに象徴される「機械論的」な思考が思考様式の世界を支配してきた。これに対して、これからの二一世紀文明における思考の世界においては、「生命論的」な思考が大きな意義をもってくる。そこで、新しい文明の時代においては、このような「生命論的」な思考への「思考様式革命」、「知のパラダイム転換」が課題となる。

第五の、文明発展を主導する「基軸地域」については、以上の四つの課題との関連で、あらかじめ少し丁寧な説明が必要である。なぜならば、以上四つの新しい文明の課題は、実は、この新しい文明発展を主導する「基軸地域」が先進的に担わなければならない課題であるからである。

この点に関しては、筆者はこの一〇年来、何度かの機会に、

（1）「二一世紀はアジア太平洋の時代」といわれるが、それは文明論的により深い意味があり、結論的にいえばそれは「アジア太平洋文明」の到来の可能性を秘めていること。したがって「二一世紀文明」は実際には「アジア太平洋文明」となる可能性があること、

（2）しかし「アジア太平洋文明」が人類史上の一つの文明として評価されるためには、今日人類が直面しているさまざまな大課題を解決する歴史的責任を負っていること、

を強調してきた。

このような私の歴史認識の背景にあるのは、人類文明史においてその先端を切り拓く「基軸地域」は絶えず異種文明間の交流を重ねつつ、地球上で遷移をつづけてきたという事実である。具体的には、ユーラシア大陸とこれに近接するの四つの地域に発祥した人類文明は、以来その先端的な発展の中心軸を中東・地中海、欧州、アメリカ大陸と移動させ、二一世紀を迎えた今日、まさに「アジア太平洋地域」が新しい文明創造の主導舞台として登場してきているということである。その核心は、この地域における、一八世紀以来人類文明を主導してきた近代文明としての「欧米文明」と、古代文明以来の伝統を受け継ぐアジアの諸文明との融合（新しい「東西文明融合」）である。

この点は、すでに詳しく論じたことがある。ここではこれを、改めて繰り返さない〔坂本和一（2003）、（2006）、（2007）を参照〕。

これらの点については、ここでは、今日私たちの眼前で展開している、東アジア、アジア太平洋地域の経済、社会の発展状況を観察すれば、もはや多くを語る必要もないであろう。

このような私の理解からすると、先にのべた新しい「二一世紀文明」の四つの課題は、実は具体的には、来るべき「アジア太平洋文明」の背負わなければならない課題ということになる。

2 「アジア太平洋文明」とドラッカー

以上の五つの歴史的課題を念頭において、これからドラッカーの「二一世紀文明」論を発掘してみようというのが本章のテーマである。はじめに、第五の課題である「アジア太平洋文明」の到来ということについてのドラッカーの認識についてみておく。

しかし多分、「アジア太平洋文明」とドラッカーという取り合わせは、相当に奇を衒った論の立て方と思われるかもしれない。たしかにドラッカーは、二一世紀における「アジア太平洋文明」の可能性に直接言及したことがあったようには思われない。

しかし、ドラッカーは早い時期から、折に触れて、アジア太平洋地域の発展を象徴する日本企業の戦後の発展とその意義について強い関心をもっていた。

ドラッカーは、『ハーバード・ビジネス・レヴュー』一九七一年三・四月号に掲載された「日本の経営から学ぶもの」と題する論文の冒頭で、つぎのようにのべている。

「日本の経営者、特に日本の企業経営のやり方は、アメリカやヨーロッパの経営者や企業のそれとは著しく異なっている。」「こうした日本の慣行の底に流れる原則は、欧米の経営者に、注意深く研究される価値があると私は信じている。これらの原則は、われわれの最も切実な問題に対して、一つの解決の道を示してくれるかもしれない。」〔Drucker（1971）：邦訳、二六二〜二六三ページ〕

同様の趣旨は、『ハーバード・ビジネス・レヴュー』一九八一年一・二月号に掲載された論文「日本の成功の背後にあるもの」の中でも繰り返されている。

ドラッカーのアジア太平洋地域の発展に対する可能性と期待は、さらに、私自身が創設に関わった立命館アジア太平洋大学（ＡＰＵ）に対する関心や、これに寄せられた熱いメッセージにも端的に表れている。ドラッカーは、ＡＰＵ創設に際してつぎのようなメッセージを寄せている。

「立命館アジア太平洋大学が成し遂げようとしていること、すなわち高等教育を通してアジア太平洋地域を融合することは、世界の経済や社会にとって最も重要な仕事である。それによって、この地域の経済的成功を達成するための人間的基盤が築かれるのである。」

ドラッカーは、「アジア太平洋文明」の可能性については、直接言及してはいない。しかし、日本企業の発展や日本で計画された新しい国際大学の可能性について、新しい時代への貢献という視点から、大きな関心を示した。このことは、見方を換えれば、「アジア太平洋文明」への期待であったということができる。

二〇世紀の類稀な文明評論家でもあったドラッカーは、周知のように未来社会の動向について多くの先駆的洞察を私たちに残した。それは、来るべき新しい「二一世紀文明」に対して人類が負うべき課題の指摘と、その解決への期待でもあった。

前段であきらかにした私自身の文明認識のフレームワークからすれば、ここでの私の仕事は、このことを、二一世紀の新しい文明である「アジア太平洋文明」の基本課題として受け止め、それを整理してみようということになる。それはまた、ドラッカーという稀代の学者の「二一世紀文明」論をあきらかにする、一つの新しい視角を提起することにもなるであろう。

3 「環境革命」とドラッカー

今日、新しい文明が挑戦を課せられている「人類史的な解決課題」は、「地球規模の諸問題」のレベルでも、「成熟社会の諸問題」のレベルでも、多面的に拡がっている。これらの諸課題のなかで、何といっても最大の課題は、資源・エネルギー問題も含めた、「地球環境問題」である。この問題に解決の方向付けを与えることができるかどうかということ、つまり「環境革命」が、文明学者伊東氏も指摘するように、これからの人類の文明の動向にとって決定的に重要である。したがってこれはまた、具体的に来るべき「アジア太平洋文明」にとっての第一の重要課題である。

(1)「地球環境問題」の認識——ローマ・クラブ「人類の危機」レポート『成長の限界』の衝撃

人々に「地球環境問題」の所在を認識させた点で、一九七二年に出されたローマ・クラブの「人類の危機」レポート、『成長の限界（*The Limits to Growth*）』ほど大きな衝撃を与えたものはない。もとよりそれまでにも人間の活動と地球環境の間にある緊張関係について問題にされることがなかったわけではない。しかし、ローマ・クラブのレポート『成長の限界』は、世界の人々にこの問題の

ローマ・クラブ・レポート『成長の限界』（大来佐武郎監訳、ダイヤモンド社、1972年）

所在と緊急性を、明快な論理的枠組みとそれを裏付けるデータによって提示した。

『成長の限界』を生み出したプロジェクトは、ローマ・クラブの委託を受けて、一九七〇年から七二年まで、マサチューセッツ工科大学（MIT）・スローン経営大学院のシステム・ダイナミックス・グループによって行われた。『成長の限界』は、MITプロジェクトの結論をつぎのようにまとめている。

「（1）世界人口、工業化、汚染、食糧生産、および資源の使用の現在の成長率が不変のまま続くならば、来るべき一〇〇年以内に地球上の成長は限界点に到達するであろう。もっとも起こる見込みの強い結末は人口と工業力のかなり突然の、制御不可能な減少であろう。

（2）こうした成長の趨勢を変更し、将来長期にわたって持続可能な生態学的ならびに経済的な安定性を打ち立てることは可能である。……（中略）

（3）もし世界中の人々が第一の結末ではなく第二の結末にいたるために努力することを決意するならば、それを達成するために行動を開始するのが早ければ早いほど、それに成功する機会は大きいであろう。」〔Meadows and others（1972）：邦訳、一一～一二ページ〕

一九七二年、『成長の限界』の刊行と時を同じくして、スウェーデンのストックホルムで「国連人間環境会議」、通称「国連ストックホルム会議」が開催された。この会議は、当時の国連事務総長ウー・タントの要請により、国連事務次長だったモーリス・F・ストロングによって組織された。この会議は、人類が国の壁を越えて地球環境の問題にアクセスする最初のきっかけとなった。この会議で採択された「人間環境宣言」は、二〇年後の地球サミットでの「地球憲章」の端緒となった。

一九七二年のローマ・クラブ・レポート作成を主導したMITのデニス・L・メドウズ教授らはさらの二〇年後の一九九二年、『成長の限界』をフォローアップする研究結果を『限界を超えて（*Beyond the Limits*）』として発表した。このなかで、メドウズ教授らは、『成長の限界』での結論を踏まえつつ、二〇年後の状況をつぎのように要約した。

「（1）人間が必要不可欠な資源を消費し、汚染物質を産出する速度は、多くの場合すでに物理的に持続可能な速度を超えてしまった。物質およびエネルギーのフォローを大幅に削減しない限り、一人当たりの食料生産量、およびエネルギー消費量、工業生産量は、何十年か後にはもはや制御できないようなかたちで減少するだろう。

（2）しかしこうした減少も避けられないわけではない。……（中略）

（3）持続可能な社会は、技術的にも経済的にもまだ実現可能である。……（中略）」〔Meadows (1992)：邦訳、viiiページ〕

『限界を超えて』は、二〇年前の『成長の限界』で示したコンピュータ・モデルを更新するとともに、それにもとづいて、『成長の限界』と同じ結論を繰り返した。しかし、一つの点において、『限界を超えて』は『成長の限界』を超える新たな見解を示した。それは、『成長の限界』にあっては、「現在の成長率が不変のまま続くならば、来るべき一〇〇年以内に地球上の成長は限界点に到達するであろう」とのべられていたのに対して、『限界を超えて』は、「人間が必要不可欠な資源を消費し、汚染物質を産出する速度は、多くの場合すでに物理的に持続可能な速度を超えてしまった」とのべたことである。そして、今のままでいけば、何十年か後には人間の経済活動はもはや制御できないようなかたちで減少するであろう、とした。この二〇年間における人類の生存条件悪化加速の原因は、いうまでもなくこの間、人類は地球環境問題に対して、有効な対策を講ずることができなかったということである。

(2) ドラッカーの「地球環境問題」認識──『企業とはなにか』第Ⅳ部、「環境十字軍の救済」、および『新しい現実』第九章の問題提起

『新しい現実』第九章

この「地球環境問題」を語るとき、二〇世紀の「知の巨人」ドラッカーの果たした役割が語られることは、それほど多くない。多分これは、ドラッカーの「地球環境問題」についての認識がまとまった形で登場するのは、一九八九年に刊行された（邦訳も一九八九年）『新しい現実』に至ってのことで、ローマ・クラブのレポート『成長の限界』に比べてずい分後のことであったからであろう。しかもそれも、「グローバル経済と地球的環境問題」と題された同書第九章の一構成部分において

であった。

ドラッカーは同書において、「世界経済における『新しい現実』として、地球環境問題が登場している。今後ますます、生態系に対する配慮、つまり危機に瀕した人類の生存環境を経済政策に織り込むことが必要になってくる。しかも、生態系に対する問題意識と政策は、国境を越えて地球的性格を帯びてくる。人類の生存環境に対する危機はますます全地球的なものとなり、人類の生存条件を守り維持するために必要な政策も、全地球的なものでなければならなくなる」とのべて、一方で経済のグローバル化がすすむなかで、これと裏腹の関係で、「地球環境問題」がますます重要性を増してきていることを警告している〔Drucker（1989）：邦訳、一八九～一九〇ページ〕。

とくにドラッカーが強調しているのは、今日の環境問題の「全地球性」「グローバル性」である。ドラッカーは、「環境の破壊は地球上いずこで行われようとも、人類全体の問題であり、人類全体に対する脅威であるとの共通認識がなければ、効果的な行動は不可能である」と強調する〔Drucker（1989）：邦訳、一九二ページ〕。

ドラッカー『新しい現実』（1989年）原著

ドラッカーのこの問題提起は、先にみたローマ・クラブの問題提起とそれに続く社会動向と対比すれば、必ずしも先駆的なものではない。そのころには、「地球環境問題」の認識は広く常識化していた。

「環境十字軍の救済」

しかし、ドラッカーは、ローマ・クラブのレポートが出された同じ一九七二年、米国の『ハーパーズ・マガジン』誌一月号に掲載された論文「環境十字軍の救済」のなかで、当時、環境保護をめぐって浮上していた過激な考え方に対する批判を展開しつつ、環境問題への具体的な対処のあり方を論じている。

ドラッカーは、「例えば、きれいな環境は『技術』に対する依存を低め、これを止めることによって実現できる」という考え方を取り上げる。「その方向は正しいか」と。

ドラッカーはいう。「正しい答はこうである。つまり、たいていの環境問題の解決には技術が必要であり、しかも数多く必要である。最大の水質汚染物質たる生活廃水を処理するには、生化学から熱力学に至るまでのあらゆる科学技術を動員しなければならないであろう。同じように、鉱工業生産によって世界の河川に吐き出される廃水を十分処理するには最先端技術が必要である。……」

〔Drucker（1972）：邦訳、六八ページ〕

最後に論文は、こう結ばれている。

「環境主義者は、今われわれにエコロジー的な破壊を認識させることに成功した。このうえは、環境主義者がそのエネルギーを第二のもっとつらい仕事に向けてほしいと考える。つまり国民を教育してわれわれが直面せねばならない選択を受け入れさせ、最終決定にもとづいて全世界的な努力を最後まで続けさせることである。扇動と宣言の時代はまさに終わらんとしている。今われわれに

必要なのは正確な分析と集中的努力とまことに厳しい作業である。」〔Drucker（1972）：邦訳、八五ページ〕

ローマ・クラブのレポートのかげで、あまり知られていないが、こうして同じ一九七二年に、ドラッカーは、世界各地の公害運動をベースに巻き起こっていた環境保護運動を背景に、すでに具体的にその運動論理の非現実性、矛盾を批判し、運動が向かうべき方向を打ち出している。ここで論じられている環境保護の論理は、「地球環境問題」の解決方向をめぐる論議のなかで、今日も引き続き重要な論点であり続けている。その意味で、このドラッカーの一九七二年論文は、改めてその先駆的意義が確認されなければならない。

『企業とは何か』第Ⅳ部

ところで、ドラッカーは、今日の「地球環境問題」そのものについてではないが、現代における企業の活動が自然環境や天然資源をもはや思うままに利用できなくなりつつあることを、彼自身の論述活動のきわめて早い段階、一九四六年に刊行された『企業とは何か』第Ⅳ部のなかで指摘している。ドラッカーのこの指摘は、当時社会的に漂っていた「利益」というコンセプトに対する消極的な受け止め方に対する批判の脈絡のなかでなされている。

ドラッカーはまず、「かつてのアメリカは、資本形成の手段を〔利益以外に（引用者）〕もう一つもっていた。鉱産物、原油、木材、土地だった。……〔中略〕……今日、天然資源への依存は限界にきた。これからは資本の源泉としては利益に頼らざるをえない」とのべ、さらにつぎのような論述を展開する。

「もはやかつてのように天然資源を思うままに使うわけにはいかない。土地の浸食、森林の破壊、原油と鉱産物の過剰消費は世界的に進行している。とくに二つの対戦間に見られたアメリカの大量消費にははなはだしいものがあった。国の存続、繁栄、防衛の観点からも、天然資源の保全が必要になっている。これを資本代わりにすることはもはや許されない。資本形成は、再生産可能な資源、すなわち利益によって図らなければならない。」〔Drucker（1946）：邦訳、二一六～二一七ページ。〕

こうしてドラッカーは、その執筆時期からすればまだ第二次世界大戦も終らない時点で、今日の「地球環境問題」に至る、人間の生産活動と自然条件との間にある現代的な緊張関係について、はっきりと基礎的な認識を私たちに提示している。けだし、ドラッカーの慧眼といわなければならない。

しかし、先述のようなローマ・クラブのレポートや「国連人間環境会議」（一九七二年、後述）などを契機に、「地球環境問題」の重要性の認識が社会的に大きく盛り上がるのは、実際には一九七〇年代を迎えてのことであった。ドラッカーがその著作のなかでこの「地球環境問題」そのものをまとめて取り上げるのは、確かに一九八九年刊行の『新しい現実』においてであったが、彼自身からすれば、実はそのようなことは、大戦直後に「とっくに指摘済み」ということだったのかもしれない。

（３）「持続可能な開発」を求めて

ＭＩＴのメドウズ教授らは『限界を超えて』刊行からさらに一二年後の二〇〇四年、『成長の限界』後三〇年をフォローアップする研究結果、『成長の限界―人類の選択（*Limits to Growth: The 30-Year Update*）』を発表した。著者たちは、同書を著した意図を、「われわれが目指しているのは、この数十年間に出てきたあらゆるデータや事例をもとに、より理解しやすい形で、われわれが一九七二年に出した主張を再度強調することである」〔Meadows and others（2004）：邦訳、xxページ〕とのべ、「結果として、われわれは、地球の将来に関して一九七二年の時点よりもずっと悲観的である」〔同書、xviiページ〕、「かつて、成長の限界は遠い将来の話だった。ところが、現在では、成長の限界はあちこちで明らかになりつつある」〔同書、xxvページ〕とのべている。

しかし、この間人類は、地球環境問題に対してまったく無関心に手を拱いてきたわけではない。一九七二年、『成長の限界』の刊行と時を同じくして、スウェーデンのストックホルムで「国連人間環境会議」が開催された。この会議は、人類が国の壁を越えて地球環境の問題に取り組む最初のきっかけをつくった。この会議で採択された「人間環境宣言」は、二〇年後の地球サミットでの「地球憲章」につながることとなった。

一九八四年、ノルウェーのグロ・ハーレム・ブルントラント首相を委員長とする「環境と開発に関する世界委員会（ＷＣＥＤ）」が設置された。本委員会は、わが国の提唱をきっかけとして、国連の決議にもとづいて組織された賢人会議である。わが国からは大来佐武郎氏が参加して、中心的な役割を果たした。また、一九七二年の国連人間環境会議の事務局長を務めたストロングも委員会のメンバーとして参加した。

WCEDは、国連総会からの、「西暦二〇〇〇年までに持続的開発を達成し、また、これを永続するための長期戦略を提示すること」をはじめとする四項目の諮問に答え、一九八七年、『地球の未来を守るために（*Our Common Future*）』と題するレポートを発表した。

このレポートで、WCEDは、「持続可能な開発への移行に向けて各国の行動を導くための法律上の原則を新たな憲章として取りまとめ、それを拡張していく必要がある。この憲章は、環境保護と持続可能な開発に関する全ての国家の主権と相互責任を規定する国際条約の基礎となるものであり、または将来条約へと拡張していくことができよう」〔WCED（1987）：邦訳、三八〇ページ〕とのべた。その上で、「国連総会が世界宣言を準備し、後に環境保護と持続可能な開発に関する条約について検討する」よう、国連に勧告した。

この委員会の活動の画期的な成果の一つは、「持続可能な開発」というコンセプトを世界に定着させたことである。「将来の世代の欲求を充たしつつ、現在の世代の欲求も満足させるような開発」というコンセプトが、以後、地球環境と開発を考える際のキーワードとなった。

このような社会的要請に応えて、一九九二年、ブラジルのリオ・デ・ジャネイロで「環境と開発に関する国連会議（UNCED）」、通称「リオ地球サミット」が開催された。この会議は、地球の将来を明確にするというただ一つの目的のために、有史以来はじめて全世界の首脳が一堂に会するという画期的な国際会議であった。この画期的な会議の事務局長を務めたのは、二〇年前の国連ストックホルム会議でも事務局長を務めたストロングであった。

この地球サミットには、一七八カ国・地域の政府代表約七〇〇〇名、国連代表団八〇〇名、NGO一万四〇〇〇名、登録ジャーナリスト八八〇〇名、会場警備軍人など約二〇〇〇名が参加した。また、並行して組織されたNGOによるグローバル・フォーラムへの参加者は、一八七カ国、四七〇団体から、登録参加者だけで一万七〇〇〇名に及び、会期中に会場を訪れた人は約五一万人といわれた。二〇世紀最後で最大の会議といわれた所以は、これらの数字が端的に物語っている〔以上、一九九二年の「リオ地球サミット」については、仲上健一（1993）を参照〕。

二〇〇二年、一九九二年のリオ地球サミットの一〇年後のフォローアップ会議として、「持続可能な開発に関する世界首脳会議」、通称「リオ＋10」が南アフリカのヨハネスブルグで開催された。一九九二年当時、そのような地球サミットの開催自体が、国際社会がいよいよ地球環境問題に真剣に取り組む決意をした証左であると思われた。しかし、今日、リオ地球サミットの目標の達成がはかばかしいものではなかったことがあきらかになっている。リオ＋10の会議も一〇年前のリオ地球サミットに比べて、残念ながら、著しく盛り上がりを欠くものとなった〔以上、二〇〇二年の「リオ＋10（ヨハネスブルク環境サミット）」については、岩波書店（2002）を参照〕。

この間、持続可能な開発をめぐる論議の具体的な焦点は、「京都議定書」の成果の帰趨であったといっても過言ではない。「京都議定書」とは、一九九二年のリオ地球サミットでの具体的な成果の一つである「気象変動に関する国連枠組み条約」にもとづき、一九九七年一二月一一日に、京都の国立京都国際会館で開かれた「地球温暖化防止京都会議（第三回気象変動枠組み条約締結国会議）」、通称「COP3」で議決された議定書である。その基本的な内容は、地球温暖化の原因となる各種の温室効果ガスについて、先進国における削減率を一九九〇年を基準として各国別に定め、共同で約束期間内の目標達成を約束しようとしたものである。

それは、世界史上はじめて、地球環境を守るという目標に向けて世界が共同して、具体的、現実的に行動を起こしたものとして、大いに注目されるものであった。

しかし、この議定書は、現実には、中国、インドなどの発展途上国の自発的参加が見送られ、米国が受入れを拒否、ロシアも受入れの判断を見送ってきたために、二〇〇四年まで発効が実現しない状況が続いてきた。二〇〇四年にロシアが批准したことにより、二〇〇五年二月一六日発効したが、最大の温室化ガス排出国である米国は依然として議定書から離脱した状況が続いている。

しかし、最大の地球温室化ガス排出国である米国および、二一世紀に入って経済成長が著しい発展途上国、とりわけ中国、インドの参加なしには、この議定書の実効性が乏しいことは自明である。二〇一二年の京都議定書終期が迫るなかで、それ以後の新たな枠組みをどのようにするのか。今、その成り行きを世界が注目している〔以上、「京都議定書」をめぐる状況については、松橋隆治（2002）、石井孝明（2004）、佐和隆光（2006）を参照〕。

（4）「アジア太平洋文明」の挑戦

地球環境問題をめぐり、持続可能な開発に向けた取組みの現実は、以上のように厳しいものがある。

しかし、「アジア太平洋文明」が人類の文明史のうえで本当に歴史的評価を得られるものとなるためには、この、おそらく人類史上最大の難問に挑戦し、その解決を果たさなければならない。このことなしには、「アジア太平洋文明」の到来も歴史的な価値の低いものとなるであろう。

それでは、二一世紀に「アジア太平洋文明」が挑戦する「環境革命」は具体的にどのような課題の枠組みをもっているのであろうか。ここでその基本の柱を抽出してみると、つぎのような四点になるであろう。

第一　廃棄物規制と省資源・省エネルギー技術の開発
第二　次世代新エネルギー技術の開発
第三　「資源循環型」の次世代生産システムの開発
第四　これらを推進する環境経営の役割

それでは、二一世紀に、私たちのアジア太平洋地域は、実際にこれらの課題を実現する、人類文明史上の「環境革命」の時代を拓くことができるだろうか。

結論的にいえば、それは日本の技術力、企業力に懸かっているということである。また現実に、いま地球上でこの課題を先導的に担える可能性が最も高い国が、日本である。

それは、まず第一に、日本が現在、「環境保全」と「環境技術」の最先進国であるということである。日本は周知のように、戦後高度経済成長期にその「負」の産物として深刻な公害に襲われた。その結果、「公害対策」が政策課題としてクローズアップし、一九六七年、「公害対策基本法」が成立し、産業廃棄物の垂れ流しを法的に規制する動きが本格化することになった。このような環境汚染に対する国民的な厳しい目を背景として、日本では世界のどこも追随を許さない優れた各種の環境汚染物質回収技術、無公害化技術が開発され、実際に日本の環境保全レベルを世界一に引き上げた。

また一九七〇年代初頭の「石油ショック」に直面し、エネルギー資源に恵まれない日本の置かれた深刻なエネルギー環境を背景に、企業の真剣な努力の結果、世界に冠たる省エネルギー技術を確立することができた。そしてそれがまた、日本の環境保全に大きく貢献することになった。

今日、発展途上諸国はアジア太平洋地域を中心に、これまで日本が辿った経済成長の道を歩もうとしているのをみるとき、その過程で先進的に日本が蓄積してきた環境保全技術、省エネルギー技術は、これらの諸国がいずれ直面する課題の解決に大きく寄与することになる。

さらに、二一世紀を迎えて、脱化石エネルギー資源の切り札と目される太陽光発電やバイオマス発電、燃料電池の技術、地球温暖化対策のブレークスルーと期待される二酸化炭素分離・固定化技術などの重要環境技術の開発において、多くの専門家が認めるように、日本は現在、世界をリードしているという現実がある。これは、私たちのアジア太平洋地域が人類文明史上求められる「環境革命」を拓く上で大きな可能性と展望を与えてくれるものである。

第二に、日本が環境問題発生の最も大きな源である「ものづくり」の世界、生産システムのレベルでの改革力において、依然として世界をリードする力をもっており、実際にその努力が現在世界的に着実にすすんでいるということである。今日の環境問題の解決のためには、先に指摘したような、個々の課題に即した技術レベルでの対応と同時に、環境問題の発生源である「ものづくり」の世界、生産システムのレベルでの対応が不可欠である。

「環境革命」実現につながる生産システム革新という場合、そのグランド・イメージとして、それが単純な大量生産システムを超える「資源循環型生産システム」の開発であろうという点は、多くの人々が同意するところである。いま、産官学連携のもとですすんでいる「逆工場（インバース・マニュファクチャリング）」の構想は、その具体的な取組みの一つであろう〔この点については、梅田靖編著（1998）、吉川弘之＋ＩＭ研究会（1999）を参照〕。

いずれにしても、日本は戦後これまで、「トヨタ生産システム」に代表される「フレキシブル生産システム」をはじめ、生産システムの革新で先進的な役割を果たしてきた実績がある。このような実績が、今度は次世代の生産システム革新の実現に向けて発揮される可能性がある。

以上のような日本の技術開発力、日本企業の生産システム改革力を念頭におけば、二一世紀に、私たちのアジア太平洋地域は、実際に人類文明史上の「環境革命」の時代を拓き、歴史的に「アジア太平洋文明」の時代を築く展望を十分持つことができると考える。

4 「知識革命」とドラッカー

第二の、社会の「基本資源」についていえば、これまでの近代文明は、言葉をかえれば資本主義文明であり、ここにおいては、「資本」こそが社会の基本資源であった。これに対して、これからの「二一世紀文明」における基本資源は、「資本」と並んで、あるいは「資本」の内実を構成する最重要要素として、「知識」が大きなウエイトを占めるようになる。そこで、新しい文明の時代においては、このような社会の基本資源としての「知識」をいかにして創造するかということ、いわば「知識革命」が「二一世紀文明」の第二の課題となる。

（1）「知識の時代」——ドラッカー『断絶の時代』の問題提起

この点については、いち早くこれを指摘したのは、ドラッカーであった。ドラッカーは一九六八年刊行した『断絶の時代』で、時代はすでに、これまでの資本主義の時代とは根源的に異なる、「断絶の時代」に入っていることを喝破した。このことは、すでに冒頭で紹介したとおりである。

そこでドラッカーは、四つの「断絶」を強調したが、なかでも「最も重要なこととして」位置づけたのは、「知識の時代」の到来であった。

ここではじめに、留意しておかなければならないことは、ドラッカーは到来する新しい時代を「情報の時代」と言わず、「知識の時代」と言ったことである。このころから、社会的には、コンピュータやＩＣ（集積回路）をはじめ、戦後まもなくから始まった情報技術の発展が加速し始め、社会は「情報化」の時代を迎えているという見方が勢いを増してくるが、そのような社会変化の認識のさきがけとなったドラッカーの見方は、「情報の時代」ではなく、「知識の時代」の到来であったということである。

「情報」と「知識」は一見どちらでもいいようにみえるが、ドラッカーはこれらの二つの概念の違いを重視している。その違いを、ドラッカーはつぎのように説明している。

「情報は何かを行うことのために使われて、初めて知識となる。知識とは、電気や通貨に似て、機能するときに初めて存在するという一種のエネルギーである。したがって知識経済の出現は、知識の歴史の中に位置づけられるべきものではない。それはいかに道具を仕事に適用するかという技術の歴史の中に位置づけられる。」〔Drucker（1969）：邦訳、二七六ページ〕

ドラッカー『断絶の時代』（1969年）原著

「われわれは、研究がもたらすものは、知識そのものではなく情報のすぎないことを知る必要がある。したがって、情報を成果に結びつけることを知らなければならない。情報は成果に結びついたとき初めて知識となる。」〔Drucker（1969）：邦訳、三六一ページ〕

このようにドラッカーは、「情報」と「知識」の意味を峻別し、敢えて到来する新しい時代を「知識の時代」とした。ドラッカーは、新しい時代を創るものとして、単なる「情報」ではなく、目的化され、有用化された情報の体系としての「知識」の役割を重視した。そして、そのような「知識」が今や生産性を決める中心的な要因となったと考えたのである。

このことからドラッカーは、これからは、仕事の性格が大きく変わっていくことを強調した。すなわち、これからは「知識」を基礎とする仕事、「知識」を基礎とする技能が重要となる。これからの仕事は、体系的に習得される「知識」を必要とするものに変化するか、そのような仕事に取って代わられる、とのべている。

ドラッカーはさらに重要なこととして、このことを背景にして、「知識が教育を変える」ということを強調している。すなわち、人々が「知識」を獲得する最大の機会は教育であるが、こうして得られる「知識」が人々の仕事においてもつ意義が決定的に重要なものとなるからである。しかし、現状の教育をみてみると、そこで与えられる「知識」は古色蒼然としたものとなっている。したがって、「知識」がこれからの仕事にとって本当に役に立つものとなるためには、教育される「知識」の内容が絶えず刷新されなければならず、また教育の仕方が大幅に革新されなければならないと、ドラッカーは言う。

このような脈絡で、ドラッカーは大学のあり方についても、つぎのように言及している。

「知識が現代社会の中心的な資源となったために、大学に第三の機能が加わった。教育と研究に加えて、社会への貢献、すなわち知識を行動に移し、社会に成果をもたらす機能が加わった。」〔Drucker (1969)：邦訳、三五九ページ〕

「大学が知識の運用に力を入れ、社会に成果をもたらすことが期待されるにつれ、これまでのような専門分野ではなく、応用分野を中心に学部の編成を行うことが必要になっていく。」〔Drucker (1969)：邦訳、三六〇ページ〕

とくに一九九〇年代以降、わが国の大学では、社会的には産官学連携の展開、学内的には既存の専門の枠組みを超えた学部・学科の再編成が盛んになってきている。ドラッカーはすでに一九六〇年代末、その必然性を、こうして、「知識の時代」という新しい時代の到来という認識を背景にあきらかにしていたのである。

（2）　ポスト資本主義社会としての「知識社会」——ドラッカー『ポスト資本主義社会』の問題提起

ドラッカーは、一九六九年の『断絶の時代』から二四年経った一九九三年、再び資本主義社会の変容を問うという脈絡で、著書『ポスト資本主義社会』を世に問うた。ドラッカーはこの二四年間の推移と二著の役割を、同書初版「日本語版への序文」でつぎのように要約している。

「『断絶の時代』がはじめて明らかにしてきた潮流は、われわれが生きている先進国において、すでに支配的な現実となっている。すなわち前著は分析であり、描写であり、診断だった。しかし本書は、行動への呼びかけである。」〔Drucker (1993)：一九九三年版邦訳、八ページ〕

ドラッカーは、この二四年間の推移のなかで明らかになった『断絶の時代』の潮流をふまえて、さらにそれらの潮流を総括する「ポスト資本主義社会」の到来を宣言した。

「われわれはいま、ポスト資本主義社会へと移行し、ようやくこれまでの資本主義と国民国家の時代における社会、経済、政治の歴史を点検し、修正できるところまできた。」〔Drucker（1993）：邦訳、四ページ〕

このような「ポスト資本主義社会」では、主たる社会発展の資源が知識であり、したがって知識労働と知識労働者の生産性がこの新しい社会の最大の経済課題となる。このような社会を、ドラッカーは改めて、「知識社会」と名づけた。

ドラッカーはさらに、かねてから自らが唱えてきた「マネジメント革命」がこの「知識社会」の到来と重なっていることを強調した。すなわち、今社会が必要としているのは、個別の仕事に求められている知識と同時に、さらに、「仕事がある成果を生み出すために、既存の知識をいかに有効に適用するかを知るための知識」が求められているのであり、これこそが「マネジメント」だからである。こうして、ドラッカーは改めて、「知識社会」における知識としての「マネジメント」の重要性を確認している。

（3）「知識」をいかにして創造するか①——ドラッカー『イノベーションと起業家精神』が提示していること

それでは、新しい時代の基本資源となる「知識」はどのようにして創造されるのであろうか。ドラッカー自身は、前掲二著のなかでこの問題には立ち入っていないように思われる。ドラッカーがこの問題に関わって、最も興味深い発言をしているとみられるのは、一九八五年に刊行された代表作『イノベーションと企業家精神』のなかにおいてであろう。同書のメインテーマである「イノベーションの方法」、とくに「イノベーションのための七つの機会」に関する発言は、直接には「知識」創造論として論じたものではないが、結果として、イノベーションという、最も次元の高い、実践的な「知識」創造について具体的に言及したものである。

周知のように、ドラッカーは「イノベーションのための七つの機会」として、具体的、実践的に、つぎのような七つの機会を挙げている〔Drucker（1985）：邦訳、第1部〕。

①予期せぬ成功と失敗を利用する。
②ギャップを探す（業績、認識、価値観、プロセスなどのギャップ）。
③ニーズを見つける。
④産業構造の変化を知る。
⑤人口構造の変化に着目する。
⑥認識の変化をとらえる。

⑦新しい知識を活用する。

ドラッカーは、これらの七つの機会について、具体的な事例を使いつつ、イノベーションの実践、つまり「知識」創造の方法を示している。

これらの機会のなかでドラッカーがとくにこだわったと思われるのは、第一の「予期せぬ成功と失敗を利用する」という点であった。ドラッカーは、「予期せぬ成功ほど、イノベーションの機会となるものはない。これほどリスクが小さく、苦労の少ないイノベーションはない。しかるに、予期せぬ成功はほとんど無視される。困ったことには、存在さえ拒否される」〔Drucker (1985)：邦訳、一八ページ〕と指摘している。

この指摘は、私たちに、これまでたとえばノーベル賞の対象となったような科学技術史を飾る画期的な業績の多くが、予期せざる成功や失敗を見逃さなかった、いわゆるセレンディピティの成果であることを思い起こさせる。

いずれにしても、ドラッカーにあっては、このようなイノベーションのための機会を具体的に論ずることをとおして、かれ自身の「知識」創造論を独特の方法で私たちに提示したと思われる。

(4)「知識」をいかにして創造するか②——野中郁次郎『知識創造の経営』が拓いたもの

ドラッカーの『断絶の時代』が話題になった以降、他方ではコンピュータや情報技術の急速な発展があり、「情報」や「知識」の創造についての論調が拡がりをみせた。そのなかで、「知識」創造論として体系的な提起を果たし、国内外で際立った存在感を示したのは、野中郁次郎氏の「組織的知識創造」論であろう。

野中氏の「組織的知識創造」論は、その理論的ルーツを戦後日本企業での技術開発実践、製品開発実践においている点でも、これまでの多くの日本の経営理論が欧米発の輸入理論であったのと趣を大きく異にしている。それは、二一世紀「知識革命」の時代をリードできる日本の可能性、ひいては「アジア太平洋文明」の可能性を暗示している。

組織理論のパラダイム革新――人間観の転換

野中氏は、戦後日本企業が開発した新しい「組織的知識創造」論を展開するに先立って、これまでの組織理論の基本的な発想のパラダイムを点検している〔以下、野中郁次郎（1990）、第一章による〕。具体的に野中氏は、近代組織理論の出発点となったバーナード理論から始まり、これまで経営学史、組織論史を飾った諸理論を一つひとつ検討し、それらをとおして、つぎのように、従来の組織理論に共通の発想を見出している。

「諸理論において共通している点は、それらの理論展開の基本的な視点が、第一に人間の『可能性』や『創造性』ではなく、人間の『諸能力の限界』に注目しているということ、第二に人間を『情報創造者』としてではなく、『情報処理者』としてみなすこと、最後に環境の変化に対する組織の『主体的・能動的な働きかけ』ではなく、『受動的な適応』を重視していることである。」〔野中郁次郎（1990）、四〇ページ〕

これらの従来の組織理論の基礎にあるのは、サイモンに典型的に示されているように、人間の認知能力には限界があるという人間観である。そして、このような限界のある人間の認知能力を克服しようとするところに組織が存在する意義を見出している。

そのような人間観に立って見た場合、組織にとっての基本問題は、環境の不確実性にともなう情報処理の負荷をいかに効率的かつ迅速に解決していくかということになる。したがって、組織とは、そのような一つの情報処理システム、問題解決システムとして意義をもつことになる。また、このような組織観に立った場合、組織とはもっぱら環境の生み出す情報処理の負荷に適合する情報処理能力を構築して適応していく、受動的な存在として理解されるのも、必然的な帰結である。

しかし、今日、たとえば私たちのまわりで見られるイノベーションの過程をとってみても、「組織は、むしろ情報を発信あるいは創造して、主体的に環境に働きかけていくのではないか」〔野中郁次郎（1990）、四五ページ〕と、野中氏はいう。

いまや、人間の「諸能力の限界」ではなく、「可能性」や「創造性」に注目し、人間を「情報処理者」としてではなく、「情報創造者」とみなし、環境の変化に対する組織の「受動的な適応」ではなく、「主体的・能動的な働きかけ」を重視するような、組織理論のパラダイム革新が必要であるというわけである。そして、戦後日本企業が開発したマネジメントの方法論、「組織的知識創造」と、このようなアプローチにもとづく企業組織モデルは、まさにこのような課題に応えるもの、少なくともその重要な一つの解答を用意するものであるということである〔以上と同様の趣旨が、野中郁次郎・竹内弘高（1996）、第一章、第二章で展開されている」。

「組織的知識創造」論のフレームワーク

それでは、野中氏の「組織的知識創造」論とは、具体的にどのようなフレームワークをもつものか〔以下、野中郁次郎（1990）、第二章、および野中郁次郎・竹内弘高（1996）、第三章による〕。

野中氏の理論の第一の機軸は、人間の知識が客観的知識、つまり形式知と、主観的知識、つまり暗黙知という二つの側面をもつことを前提として、「これらの二つの知識がそれぞれ排他的なものではなく、相互循環的・補完的関係をもち、暗黙知と形式知との間の相転移を通じて時間とともに知識が拡張されていく」〔野中郁次郎（1990）、五六ページ〕と理解する点にある。

ここで、形式知とは、言語化され、明示化されることが可能な知識であり、他方、暗黙知は、個人に内在化され、言語で表現することが困難な知識のことである〔この形式知と暗黙知の区別は、マイケル・ポランニーの理論によっている。**Polanyi**（1966）〕。

個人に内在化された暗黙知が組織にとって有益な情報となるためには、それが明示化され形式知に変換されなければならない。この、暗黙知から形式知への変換過程は、「表出化」と呼ばれている。他方、暗黙知がいったん明示化され、形式化されると、その形式知を通じてさらに新たな暗黙知の世界が拡大していく。この、形式知から暗黙知への変換過程は、「内面化」と呼ばれている。そして、暗黙知と形式知はこのような相互循環作用を通じて量的、質的な拡大を実現していく。暗黙知と形式知の、この相互循環作用こそが、知識創造過程のエッセンスである。

野中氏の理論の第二の機軸は、このような認識論的次元の知識創造のエッセンスを、さらに組織論的次元（野中氏はこれを存在論的次元と呼んでいる）のダイナミズムのなかで具体的に理解していく点にある。ここで浮かび上がってくるのが「組織的知識創造」のモデルである。

組織はそれ自体として知識を創造することはできない。知識の源泉は、あくまでも個人である。個人の暗黙知こそが知識の源泉である。そこで組織は、個人レベルで創造され、蓄積された暗黙知を組織的知識に、それもグループ・レベル→組織レベルと、より高いレベルの組織的知識にまで高めていかなければならない。

このような組織的知識の創造を媒介するのは、野中氏のいう四つの知識変換モードである。すなわち、①個人の暗黙知からグループの暗黙知を創造する「共同化」、②暗黙知から形式知を創造する「表出化」、③個別の形式知から体系的な形式知を創造する「連結化」、④形式知から暗黙知を創造する「内面化」、である。このうちで、知識創造プロセスの一番のエッセンスをなすのは、暗黙知が明示的な形式知に転化していく「表出化」のプロセスである。

このような四つの知識変換モードを通した、いわば「知識スパイラル」によって、個人的な暗黙知が組織的知識、しかもより高いレベルの知識に増幅され、発展させられていく。これが、野中氏の「組織的知識創造」モデルである〔以上、野中郁次郎（1990）、第二章、野中郁次郎・竹内弘高（1996）、第三章、を参照〕。

5　「非営利組織革命」とドラッカー

第三の「基軸社会組織」については、これまでの近代文明においては「政府」と「企業」が社会の二大機軸組織であった。とくに「企業」は、政府と並んで、近代文明を特徴付ける最大の社会組織要素であった。これに対して、これからの「二一世紀文明」においては、「政府」「企業」と並んで、第三の社会組織要素としての「非営利組織」、いわゆる「NPO」「NGO」が社会的な問題解決に大きな役割を果たすようになる。そこで、新しい文明の時代においては、新しい社会組織を健全に育成すること、「非営利組織革命」が「アジア太平洋文明」の第三の課題となる。

(1)「非営利組織」とは何か

はじめに、非営利組織とは何か。この点について定評があるのは、米国ジョンズ・ホプキンス大学レスター・M・サラモン教授が主導した同大学非営利セクター国際比較プロジェクトによる定義である。

これによれば、非営利組織とは、以下のような七つの基準（五つの特徴と二つの制約事項）に適合する組織であるとされる〔Salamon and Anheier (1994)：邦訳、二〇～二四ページ〕。

①正式に組織されていること

②民間（非政府機関）であること
③利益を分配しないこと
④自己統治する力があること
⑤自発的であること
⑥非宗教的であること
⑦非政治的であること

これらの諸点に若干の説明を加えれば、

①「正式に組織されている」という点で、重要なことは「その組織がある程度、組織的な実在を有していること」である。したがってそれは、必ずしも法人格の存在を意味しているわけではないということである。

②「民間である」という点で、重要なことは非営利組織は本質的に民間の組織であり、「組織的に政府から離れている」ことである。つまり、それは政府機関の一部でもなければ、役人の統制下にある理事会によって支配されてもいないということである。

③「利益を分配しない」という点は、収益事業によって獲得された利益を組織内に留保することはあっても、それが創立者を含む成員の間で分配されてはならないことを意味している。この点は、非営利組織と営利組織を分ける大きな相違点である。

④「自己統治」という点は、端的にいって外部組織によって管理されていないことを意味してい

る。

⑤「自発的である」という点は、組織成員のなかに、ある程度自発的な意思により組織の活動に参加する部分があるということである。したがってそれは、その組織の財政が寄付にすべて、ないし大部分支えられているとか、労力がボランティアによって維持されているといったことを必ずしも意味しない。

⑥「非宗教的であること」、⑦「非政治的であること」という点については、改めて説明を付け加えるまでもないであろう。

このような非営利組織の活動が一つの潮流となってくるのは、一九六〇年代後半以降のことである。もとより、このような定義にあてはまる社会組織は、国、地域によって状況は異なるが、かなり以前より存在してきた。後に紹介するドラッカーは、今も機能している最古の非営利組織として、日本の奈良の古刹を挙げている。それほどまで古くはないが、米国では、さまざまなボランティア組織が長い歴史を持っている。

しかし、私たちの社会生活のなかで重要な役割をもつ領域、たとえば社会福祉や環境保護、国際的なさまざまの支援活動などで、政府機関でもなく、また民間企業でもない、非営利組織の活動がその存在感を明確にしてくるのは、あきらかに一九六〇年代後半以降のことである。

その背景にあるのは、今日社会を支配する組織メカニズムに内在する二つの限界、いわゆる「失敗」である。

その一つは、市場システムに内在する「失敗」、いわゆる「市場の失敗」と呼ばれるものである。市場システムは、収益確保を行動の動機とする民間企業の競争によって、いわば「見えざる手」によって社会の資源配分の適正化を実現しようとするものである。しかし、このシステムによっては必ずしも適正な資源配分が実現しえない社会活動領域が拡大してきている。

他方、社会が必要とする公共財の提供に責任を持つとされてきた政府（中央、地方）の活動にも限界、「失敗」が浮上している。政府の行動に付きまとう対応の鈍さやきめ細かさの欠如などによって、公的サービの欠陥が拡大してきている。いわゆる「政府の失敗」といわれるものである。

このように、今日、社会組織を支える二大機関、企業と政府の活動では覆いつくせない社会活動領域、しかも社会の成熟化の進展とともにますます重要性を増している社会活動領域が拡大してきている。たとえば、社会福祉や環境保護といった分野や、拡大するさまざまな国際支援活動などの分野は、まさにそのような分野の代表である。

このような領域では、企業でも政府でもない第三の社会機関である非営利組織がますます重要性を増してくる傾向にある。そして、このことがとくに一九六〇年代後半以降、あきらかとなってきたのである。

（2）「非営利組織」のマネジメント——ドラッカー『非営利組織の経営』の問題提起

このような状況を背景に、非営利組織についてもその合理的なマネジメントの重要性が浮上してくることになった。

このことを鮮明に社会に提起したのも、マネジメント学の泰斗、ドラッカーであった。ドラッカーは、一九九〇年に刊行した『非営利組織の経営』のなかで、すでに現実に社会のさまざまな場面で胎動しつつある非営利組織、ＮＰＯやＮＧＯがこれからの社会組織として重要な役割を果たすようになるのであり、その健全な発展のために、非営利組織にも企業と同じようにマネジメントの発想での経営が必要であることを強調した。

非営利組織のマネジメントについて提起したのは、ドラッカーが初めてであるというわけではない。すでに、一九八〇年にフィリップ・コトラー〔Kotler（1975），（1982）〕が、また一九八九年にはＣ・Ｈ・ラブロックとＣ・Ｂ・ワインバーグ〔Lovelock and Weinberg（1989）〕が、それぞれ非営利組織のマーケティング戦略について論述している。

ドラッカー『非営利組織の経営』（1990年）原著

しかし、この点でも、ドラッカーの提起は、それまでに企業マネジメントの領域で確立されたかれの学術的権威も加わり、社会的に抜群のインパクトを持った。ドラッカーの『非営利組織の経営』を契機にして、非営利組織の役割が改めて脚光を浴びることになり、組織としての非営利組織のマネジメントの重要性が広く認識されることになった。

ドラッカーは、『非営利組織の経営』の序文をつぎのように書き出している。

「私が非営利組織のために働きだした一九五〇年頃、政府と大企業が支配的な存在だったアメリカ社会において、非営利組織は付け足し的な存在だった。非営利組織自らがそう思っていた。……

（中略）

今日では状況が一変した。非営利組織はアメリカ社会の中心的な存在となりアメリカ社会そのものを特徴づける存在となった。政府が行えることには限界がある。一方で非営利組織は、それぞれに特有の仕事に取り組む以上の役割を果たしている。」〔Drucker（1990）：邦訳、viiページ〕

ドラッカーが言うように、一九五〇年代にはだれも非営利組織や非営利セクターについて論ずることはなかった。病院や学校、慈善活動は、それ自体を問題にすることはあっても、それらをまとめて、「非営利組織」として論ずることはなかった。しかし、その後しだいにそれらが、「非営利組織」として論じられるようになった。「非営利」という言葉は、たしかに、「何かではない」という否定語にすぎなかったが、他方、こうして一つのまとまりを持った存在となったということは、そこに「何か」共通のものが存在しているということの認識でもあった。そして「今日われわれは、その『何か』が何であるかを知った」とドラッカーは言う。

「それは、それらの組織が『非営利』つまり、企業ではないということではない。また、それらの組織が『非政府』であるということでもない。それは、それらの組織が、企業や政府とは非常に異なる何かを『なす』ものであるという認識である。企業は、財やサービスを供給する。政府は統制する。企業は、顧客がその製品を購入し、代価を払い、製品に満足したときに、責務を果たしたことになる。政府は、その政策が効果を生じたときに、その機能を果たしたことになる。しかし、『非営利』機関は、財やサービスを供給することもなく、統制することもない。その『製品』は、一足の靴ではなく、効果的な規制でもない。その製品は、『変革された人間』である。つまり、非営利組織は、人間変革機関である。その『製品』は、治癒した患者、学ぶ子供、自尊心を持った成人となる若い男女、すなわち、変革された人間の人生そのものである。」〔Drucker（1990）：邦訳、viiiページ。ただしこの部分は、一九九一年版邦訳の「序文」による。〕

（3）米国ジョンズ・ホプキンス大学非営利セクター国際比較プロジェクトによる事態調査

こうして一九六〇年代後半以降、急速に社会的存在感を増してきた非営利組織の実態は、学術的にも脚光を浴びてくることになった。このなかで、国際比較を目的とした、はじめて本格的な学術的調査として定評があるのは、米国ジョンズ・ホプキンス大学レスター・M・サラモン教授が主導した同大学非営利セクター国際比較プロジェクトによる調査である。このプロジェクトは、一九九〇年五月に着手され、世界一二カ国の二〇〇名以上の人々がエネルギーを注いだ共同作業である。その詳細は、レスター・M・サラモン／H・K・アンハイヤー『台頭する非営利セクター』（ダイヤモンド社、一九九六年）で著されている。

非営利組織についての事態調査と分析はそれまでも数多くなされてきている。このプロジェクトの特徴は、「より明確な比較研究の手法を用い、国々を広く横断する面に焦点を絞り、共通の定義を用い、また統一された方法論にあくまで固執した」という点にある。この際に採用された非営利組織についての定義が、先に本書でも紹介したものである。

プロジェクトの調査・分析結果の詳細は同書にゆだねることにする。ここではとくに、このプロジェクトが最後にあきらかにした、目下浮上しつつある非営利組織の課題を紹介しておく。

この点で、プロジェクトは、つぎのような問題点を抽出している〔Salamon and Anheier（1994）：邦訳、一五九―一八〇ページ〕。

①「実態がみえにくい」からの脱却
②法的環境と正当性の確立
③国家との対立のパラダイムを超える
④国家の代理人からパートナーへ
⑤民間の公益活動支援の基盤強化
⑥透明性の確立と情報開示
⑦ボランティア依存が「専門化」をさまたげる
⑧グローバル化への対応の試み

いずれにしても、非営利組織は、この間活動範囲、活動規模の両面で急速に拡大してきているが、他方、依然として自立的、独立的な活動の基本原理、法的環境、財政的基盤を確立していないというのがプロジェクトが抽出した問題点であった。

このプロジェクト以降、さらに二〇年近くが経過した。この間、非営利組織自体の活動はさらに飛躍的に拡大し、社会組織の基軸の一環として定着してきていることは周知のとおりである。いまやこの非営利組織の存在を欠いては、現代社会の機能を維持することは不可能になってきている。

しかし、その自立的な財政的基盤をいかに確保するかは、今日においても、非営利組織にとって最大の問題であるように思われる。

(4)「リオ地球サミット（環境と開発に関する国連会議：UNCED）」が果たした役割

ジョンズ・ホプキンス大学非営利セクター国際比較プロジェクトがすすめられたと同じころ、非営利組織活動の実践面で画期的な出来事があった。一九九二年、ブラジルのリオ・デ・ジャネイロで開催された「環境と開発に関する国連会議」、通称「リオ地球サミット」である。

この「リオ地球サミット」については、先に1で「環境革命」の課題に関わって触れたとおりである（二二一〜二二三ページ参照）。それは、地球の将来を明確にする目的のために、有史以来はじめて全世界の首脳が一堂に会するという画期的な国際会議であったが、この画期的な会議の事務局長を務めたモーリス・ストロングは、この国際会議を成功させるために、環境問題に関わって活動する世界中の非営利組織・NGOに参加を呼びかけた。その結果、この地球サミットには、一七八カ国・地域の政府代表（約七〇〇〇名）、国連代表団八〇〇〇名に加えて、一万四〇〇〇名に上るNGOメン

1992年「リオ地球サミット」事務局長
モーリス・F・ストロング〔Strong（2000）所収の著者写真より〕

バーが参加した。さらに、これに並行して組織されたＮＧＯによるグローバル・フォーラムへの参加者は、一八七カ国・地域、四七〇団体から、登録参加者だけで一万七〇〇〇名に及び、会期中に会場を訪れた人は約五一万人といわれた。

地球サミットでは、「地球憲章」の制定が取り上げられたが、政府間の条約には至らなかった。その代わりに、環境と開発に関する「リオ宣言」とそれを具体化するための具体的な行動計画「アジェンダ21」を採択した。これを受けて、ＮＧＯは「一九九二グローバル・フォーラム」を開催し、八項目の原則と七項目のアクション・プランから成る「地球憲章（The Earth Charter）」案を作成し、世界中のＮＧＯに憲章策定を呼びかけた。

さらに、ＵＮＣＥＤ事務局長ストロングは、ＮＧＯを含むさまざまな組織のネットワークを支援するために、地球評議会（The Earth Council）を組織した（本部は、コスタリカのサンホセ）。

こうして、一九九二年の「リオ地球サミット」は、事務局長ストロングのアイデアと組織力によって、世界中の環境関連の非営利組織の活動を一挙に活気づけ、その存続感を高めることに大きく寄与した。

「リオ地球サミット」は、地球環境問題に関する世界的関心を高めることに画期的な貢献を果たしたと同時に、新しい社会組織としての非営利組織活動の持つ意義、役割とエネルギーを一挙に世界に示すことになった〔以上、一九九二年の「リオ地球サミット」については、Strong (2000)、仲上健一（1993）を参照〕。

6　「思考様式革命」とドラッカー

第四の「思考様式」についていえば、近代文明においては、デカルトに象徴される「機械論的」思考が思考様式の世界を支配してきた。これに対して、これからの「二一世紀文明」における思考の世界に大きな意義をもってくるのは、「生命論的」な思考である。そこで、新しい文明、「アジア太平洋文明」の時代においては、このような「生命論的」な思考への「思考様式革命」、「知のパラダイム転換」が第四の課題となる。

（1）「新しい世界観」——ドラッカー『変貌する産業社会』の問題提起

日本ではあまり人口に膾炙していないかもしれないが、実はこの点についても、いち早く世にこの問題を提起したのは、ドラッカーであった。実に一九五〇年代のことであった。ドラッカーは一

ドラッカー『変貌する産業社会』（1957年）（現代経営研究会訳、ダイヤモンド社、1960年）

九五七年に刊行した『変貌する産業社会』の冒頭第一章を「新しい世界観」と題し、そのなかで、デカルトを元祖とする「機械論的世界観」の批判を強烈に展開している。

ドラッカーは、「現代という時代に生きる最初の人間である我々にとって最大の問題は、基本的な『世界観』の変化である」〔Drucker（1957）：邦訳、一〇ページ〕という。

「われわれはいまなお、過去三百年来の世界観を踏襲し、学校でもそれを教えている。しかしそれはもはや過去のものとされている。一方、新しい世界観にはまだ呼び名もなく、分析道具や研究方法、適当な用語もないありさまである。しかし『世界観』というものは、名前がなくとも経験として存在するもので、それはすでに美術活動や哲学的分析、専門用語の基礎となっている。しかも、われわれはすでにこの十五年ないし二十年ほどの短い間に、この新しい基本体系を体得してしまったのである。」〔Drucker（1957）：邦訳、一〇ページ〕

近代ヨーロッパの世界観は、一七世紀フランスの哲学者ルネ・デカルトの世界観に立脚している。そのデカルトの世界観とは、ひとことで集約していえば、「全体は、その各部分によって構成された結果である」ということである。このような見方は、周知のように、宇宙の原理と秩序に関するもっとも基本的な公理を近代社会に与えることになった。

しかし今日、すべての学問は、自然科学、人文科学、社会科学を問わず、デカルトの公理やそこから派生した世界観とは相容れない考え方を基礎におくようになってきている、現代の学問の関心は「原因」から「結果」へと移行してきている、とドラッカーは言う。

「すべての学問は、今日、その中核に『全体』という概念をもっている。この全体なるものは、部分部分から生ずる結果でもなければ、構成部分の総計でもない。またいくら各部分を確認し、認識し、測定し、予知し、理解し、さらには動かすことによっても、全体を確認することも、認識することも、予知することも、意味あるものとすることもできないのである。われわれの新しい時代の学問——自然科学、人文科学のいずれにおいても——の中心思想は、『類型』であり『形態』である。」〔Drucker（1957）：邦訳、一二～一三ページ〕

そして、われわれはいま、静止状態にある物体の属性だけをみた古くさい機械論的な物の見方から、「成長」「情報」「生態」などのような普遍的な全体概念や過程を問題とする新しい物の見方に移り始めている、われわれはいま、デカルト的世界観の全体と部分に関する概念をはじめ、機械論的因果律、惰性の公理などを放棄しようとしている、とドラッカーは言う。

こうしてドラッカーは、第二次世界大戦後間もない一九五〇年代に、すでにそれまで三世紀にわたって近代社会を支配してきた世界観、デカルトに象徴される機械論的世界観の限界とその超克に、明確に言及している。

（2）「機械論パラダイム」から「生命論パラダイム」へ――「アジア太平洋文明」の役割

ドラッカーは機械論的世界観の限界と超克を早い時期に言及したが、これに代わる新しい世界観については、まだ十分に積極的には展開していない。

その後、今日に至る間、機械論的世界観に代わる新しい物の見方につながるさまざまな学問分野の専門研究が進展してきた。そのような成果から生じてきている物の見方の転換、「知」のパラダイム転換を、一九九三年日本総合研究所がまとめた『生命論パラダイムの時代』（ダイヤモンド社）においてみてみる。

『生命論パラダイムの時代』は、本稿も冒頭1で触れたような「人類史的な解決課題」、具体的には地域環境問題のような「地球規模の諸解決課題」や、人口高齢化問題のような「成熟社会の諸問題」をあげつつ、これらの諸課題の解決のためには、一七世紀ヨーロッパでニュートンやデカルトによって確立された「機械的世界観」と「要素還元主義」を柱とする近代社会の「知」のパラダイム、つまり「知」の「機械論パラダイム」は限界に遭遇している、という。

同書は、「機械的世界観」のもつ限界とは、「全体を分割するたびに、大切な何かが失われていく」という問題である、と指摘する。生物の解剖と同じように、「全体は部分へと分割することはできるが、一度分解した部分を再び組み合わせても、元通りの全体に復元することはできない」ということである〔日本総合研究所（1993）、一六～一八ページ〕。

もう一つ同書は、「要素還元主義」の陥りがちな誤りとして、「対象を要素に還元し、分析していく際に、必ず『重要ではない』と考えられる要素を捨て去っていく」が、その際の「落とし穴」に注意を喚起する。対象を要素に還元する際、「重要」と「非重要」の判断基準はあくまでも一つの「仮説」に過ぎないのであるが、一旦ある仮説が採用されて要素還元がすすむと、それが絶対に正しいという「幻想」が形成される危険があるということである〔日本総合研究所（1993）、一八〜二〇ページ〕。

このような「機械的世界観」「要素還元主義」に伴う落とし穴、「機械論パラダイム」の限界についての認識は、先に紹介したドラッカーの指摘と共通である。

それでは、「機械論パラダイム」に代わって、どのような「知」のパラダイムが可能なのか。『生命論パラダイムの時代』は、これに代わって、「生命論パラダイム」と呼ぶべき新しい「知」のパラダイムが必要となっている、と主張する。この「生命論パラダイム」とは、「生命的世界観」と「全包括主義」を両輪とする「知」のパラダイムである。

「機械的世界観」から「生命的世界観」へ

第一は、世界を「巨大な機械」とみる「機械的世界観」から、世界を「大いなる生命体」とみる「生命的世界観」への転換である。『生命論パラダイムの時代』は、近年、「組織」「社会」「都市」「企業」などを、さらに「地球」「宇宙」そのものを一つの「生命体」とみなす発想が拡がっていることを、その一例として挙げている。さらに、「宇宙」を「生命体」とみる考え方は、「世界のすべてに仏性が宿る」という仏教思想にも通ずるものがある。こうして、「生命論パラダイム」には、最先端の「科学技術」と、三千年の長い歴史をもつ「東洋思想」との融合による新しい世界観の可能性をみることができる、と指摘している。

もしそのことが現実のもとなれば、「アジア太平洋文明」は二一世紀の新しい世界観の構築に大きな貢献を果たすことになるであろう。

「要素還元主義」から「全包括主義」へ

第二は、「要素還元主義」から「全包括主義」への転換である。『生命論パラダイムの時代』は、「全包摂主義」によるに世界認識の方法として、つぎのような三つの原理を挙げている。

第一　世界における多様な諸要素をいずれも排除することなく受容・包摂し続ける「コスモロジー原理」

第二　フィールドにおける対象の生きた姿に直接的に関わり、体験し、体感することにより、対象の本質と全体像を把握する「フィールドワーク原理」

第三　世界を構成する諸現象に含まれるメタファー（隠喩）を解読することにより、世界の本質と全体像を認識する「メタファー原理」

しかし、「全包括主義」を指向するこれら三つの世界認識の方法は、従来の「要素還元主義」による世界認識の方法に代替するものではない。それと相互補完しつつ、より高次の世界認識方法を創造しうる、というのが『生命論パラダイムの時代』の主張である。

いずれにしても、ドラッカーが提起した機械論的世界観の限界と超克という問題は、今日、「機械論パラダイム」から「生命論パラダイム」へ、という「知」のパラダイム転換のレベルに論議が具体的に展開してきている〔日本総合研究所（1993）、二二一～二五ページ、三二一～三七ページ〕。

問題は、このような「知」のパラダイム転換、「生物論パラダイム」の展開に、三千年の長い精神文明の伝統を一つの基軸とする「アジア太平洋文明」がどのように優位性を発揮できるか、である。

（3）「自他分離的思考」から「自他非分離的思考」へ

ドラッカーの提起した機械論的世界観の克服という課題に迫ろうとするもう一つの新しい「知」のパラダイム転換の試みに、清水博氏を中心とした、「自他非分離的思考」への転換を重視する考えがある。清水博氏が編著者を務める著作『場と共創』（NTT出版、二〇〇〇年）には、このような思考方法が披露されている。

清水博氏もまた、二一世紀において世界の文明は大転換を迫られており、そのためにはわれわれの思考方法、世界観の転換が必要とされているという。

清水氏は、近代文明を形成してきた西欧の考え方、ドラッカーのいう機械論的世界観の特徴を、まず自己と自己以外（非自己）に世界を二つに分け、自己（主体）が自分以外のもの（客体）を自分中心的に見てその意味を解釈するという態度（考え方）、つまり「自他分離的思考方法」をとっていることにみる。しかし、いまやこのように世界を自己と自己以外のもの（対象）にまず二分して、対象を理解していく自他分離的思考方法は大きな限界があることがわかってきた。そして、さまざまな現代の行き詰まりは結局のところ、このような自他分離的思考方法の限界から起きていると考える。そこで、現代の行き詰まりを超えていくためには、この思考方法の限界を超えることが必要なのであり、それによって新しい文明の設計も可能になるという。

それでは、このような新しい思考方法を構築するにはどうしたらいいのか。清水氏は、この点について、つぎのようにのべる。

「自他非分離的方法の典型として世界的に有名なものに、仏教思想や道教思想などの東洋思想に使われてきた論法があります。さらにまたわが国の伝統文化である『場の文化』は、禅の自他非分離的方法を自然に結びつけることによって、こころ内部に生成される『真善美の世界』を表現する文化です。我々の先祖が『禅の自他非分離的方法を自然に結びつけて表現する』という文化的技法を創造したことは、これからの新しい文明を創造する場合に、極めて大きなプラス条件になると考えられます。」〔清水博編著（2000）、九ページ〕

そのうえで、清水氏自身は、「場所の方から自己を捉える」という禅の思想と、「自己中心的に場所を捉える」という近代思想とを整合的に融合する「自己の二領域論理」という新しい自他非分離的思考方法を紹介している。

こうして、近代文明を形成した西欧のものの考え方、自他分離的思考を超克し、新しい思考方法、自他非分離的思考方法を開拓するために、清水氏が期待するのもやはり長い伝統をもつ「東洋思想」

であり、また日本の伝統文化の思考方法である。もしこのことが実現していけば、それは、思考様式革命における「アジア太平洋文明」の大きな貢献ということになるであろう。

（４）上田惇生『ドラッカー入門』におけるドラッカー再発見――ドラッカーの「ポストモダンのための方法論」

ドラッカーが近代ヨーロッパ発祥の機械論的世界観の限界と超克を提起した一九五七年刊行の『変貌する産業社会』は、日本では初訳が一九六〇年に出されて以降、改訳が出されていない。そのようなこともあって、前述のようなドラッカーの先駆的な問題提起はあまり知られていない。

近年、ドラッカーのこの問題提起に、わが国の著名なドラッカー翻訳者、研究家の上田惇生氏が着目し、新たなドラッカー研究の切り口を拓こうとしている。

上田氏は近著『ドラッカー入門』（ダイヤモンド社、二〇〇六年）の中で、これまであまり注目されてこなかった『変貌する産業社会』が提起した近代ヨーロッパの世界観からの転換、つまりモダンからポストモダンへの転換に着目し、ドラッカーを、このモダンからポストモダンへの世界観の転換（上田氏は「重点の移行」という）における、ポストモダンの旗手という観点から問題としている。これは、これまでのドラッカー論にはみられなかった新しい切り口である。

上田氏は、のべている。

「ドラッカーの全著作に、このモダンからポストモダンへの重点の移行なる補助線を加えるだけで、いかにその真意が浮かび上がってくるかは驚くほどである。われわれはそこに、論理、抽象、因果、定量化、部分最適、計画、アセスメント、唯一の真理なるものへのドラッカーの疑問符の羅列を見ることができる。」〔上田惇生（2006）、五九ページ〕

モダンからポストモダンへの重点の移行を宣言した『変貌する産業社会』では、ドラッカーは、それが人々の行動を事実上支配しつつあるが、まだそれに備える手段と道具を持ち合わせていないといった。しかし、上田氏は、このような目で以後のドラッカーの著作を見ていくと、それらの多くがわれわれにこのポストモダンのための手段と道具を提供する作業だったことがわかるとしている。

上田氏は、ドラッカーの膨大な著作が教えてくれる「ポストモダンのための方法論」を以下のような七つの点にまとめている〔上田惇生（2006）、八七〜九三ページ〕。

①「見ることである。全体を見ることである。」
②「わかったものを使うことである。とくに、当初予期せずにわかったことをつかうことである。」
③「基本あるいは原則となるなるものを知って使うことである。」
④「欠けたものを探すことである。ギャップを探し、ニーズを見つけることである。」
⑤「あらゆるものが陳腐化するがゆえに、自らが陳腐化の主導権をにぎることである。」
⑥「仕掛けをつくっておくことである。しかも成功に焦点を合わせ、成功を慣習化してしまうことである。」

⑦「限界をわきまえつつ、モダンの方法を使うことである。論理と分析を使うことである。」

上田氏は、先の『生命論パラダイムの時代』のような抽象的な科学論、哲学方法論のレベルとは別に、われわれの日常的な実践のレベルで、世界観の転換の方法を、ドラッカー自身のその後の著作の中から摘出された。これは、われわれにとって、きわめて貴重な成果である。

前述のような上田氏のドラッカー研究の成果は、『生命論パラダイムの時代』に象徴されるような新しい世界観の科学論的な研究成果とあわせて、これから二一世紀の新しい文明の時代を生きる私たちの日常的実践に有用なものとして活用されるであろう。

※　本章は、ドラッカー学会ホームページのデジタル・ジャーナル『文明とマネジメント』に掲載された「『アジア太平洋文明』とドラッカー」に加筆修正をしたものである。

【参考文献】

Drucker, P. F.（1946）, *Concept of the Corporation*：上田惇生訳『企業とはなにか』ダイヤモンド社、二〇〇八年
Drucker, P. F.（1957）, *The Landmarks of Tommorrow*：現代経営研究会訳『変貌する産業社会』ダイヤモンド社、一九六〇年
Drucker, P. F.（1969）, *The Age of Discontinuity*：上田惇生訳『断絶の時代』ダイヤモンド社、二〇〇七年
Drucker, P. F.（1971）, What We Can Learn from Japanese Management, *Harvard Business Review*, March–April, 1971：DIAMONDハーバード・ビジネスレビュー編集部編訳『Ｐ・Ｆ・ドラッカー経営論』ダイヤモンド社、二〇〇

六年、第一五章「日本の経営から学ぶもの」
Drucker, P. F. (1972), Saving the Crusade, *Harper's Magazine*, Jan. 1972：久野桂ほか訳『日本　成功の代償』ダイヤモンド社、一九八一年、「環境十字軍の救済——高コストを避けられない環境保護」
Drucker, P. F. (1981), Behind Japan's Success, *Harvard Business Review*, Jan.–Feb. 1981：DIAMOND ハーバード・ビジネスレビュー編集部編訳『P・F・ドラッカー経営論』ダイヤモンド社、二〇〇六年、第一七章「日本の成功の背後にあるもの」
Drucker, P. F. (1985), *Innovation and Entrepreneurship*：上田惇生訳『イノベーションと起業家精神』ダイヤモンド社、二〇〇七年
Drucker, P. F. (1989), *The New Realities*：上田惇生・佐々木実智男訳『新しい現実』ダイヤモンド社、一九八九年
Drucker, P. F. (1990), *Managing the Nonprofit Organization*：上田惇生訳『非営利組織の経営』ダイヤモンド社、二〇〇七年
Drucker, P. F. (1993), *Post-Capitalist Society*：上田惇生訳『ポスト資本主義社会』ダイヤモンド社、二〇〇七年

Cohen, W. A. (2008), *A Class with Drucker–the Lost Lessons of the World's Greatest Management Teacher*
Edersheim, E. H. (2007), *The Definitive Drucker*：上田惇生訳『P・F・ドラッカー——理想企業を求めて』ダイヤモンド社、二〇〇七年
石井孝明（2004）『京都議定書は実現できるのか——CO2規制社会のゆくえ』平凡社
伊東俊太郎（1988）『文明の誕生』講談社学術文庫
伊東俊太郎（1997）「比較文明学とは何か」伊東俊太郎編『比較文明学を学ぶ人のために』世界思想社、一九九七年
岩波書店（2002）「検証・地球サミットから一〇年」『科学』二〇〇二年八月号

Kotler, P. (1975), *Marketing for Non–profit Organization*

Kotler, P. (1982), *Strategic Marketing for Non–profit Organization*：井関利明監訳『非営利組織のマーケティング戦略』第一法規、二〇〇五年

小島廣光（1998）『非営利組織の経営――日本のボランティア』北海道大学図書刊行会

小宮山宏（1999）『地球持続の技術』岩波新書

Lovelock, C. H. and Weinberg, C. B. (1989), *Public and Non–profit Marketing*：渡辺好章・梅沢昌太郎監訳『公共・非営利のマーケティング』白桃書房、一九九一年

松橋隆治（2002）『京都議定書と地球の再生』日本放送出版協会

Meadows, D. H. and Others (1972), *The Limits to Growth—A Report for THE CLUB OF ROME'S Project on the Predicament of Mankind*：大来佐武郎監訳『成長の限界――ローマ・クラブ「人類の危機」レポート』ダイヤモンド社、一九七二年

Meadows, D. H. and Others (1992), *Beyond the Limits—Cnofronting Global Collapse, Envisioning a Sustainable Future*：茅陽一監訳『限界を超えて――生きるための選択』ダイヤモンド社、一九九二年

Meadows, D. H. and Others (2004), *Limits to Growth—The30-Year Update*：枝廣淳子訳『成長の限界・人類の選択』ダイヤモンド社、二〇〇五年

仲上健一（1993）「地球サミットの成果と今後の課題」『立命館地域研究』第三号

野中郁次郎（1990）『知識創造の経営――日本企業のエピステモロジー』日本経済新聞社

野中郁次郎・竹内弘高（1996）『知識創造企業』東洋経済新報社

日本総合研究所編（1993）『生命論パラダイムの時代』ダイヤモンド社

坂本和一（2003）『アジア太平洋時代の創造』法律文化社

坂本和一（2006）「『アジア太平洋（Asia　Pacific）』コンセプトの有効性」『立命館経済学』第五五巻第二号、二〇

〇六年七月
坂本和一（2007）『大学のイノベーション――経営学と企業改革から学んだこと』東信堂
Salamon, L. M. and Anheier, H. K. (1994), *The Emerging Sector*：今田忠監訳『台頭する非営利セクター――12ヵ国の規模・構成・制度・資金源の現状と展望』ダイヤモンド社、一九九六年
佐和隆光（1997）『地球温暖化を防ぐ――二〇世紀型経済システムの転換』岩波新書
佐和隆光（2007）『この国の未来へ――持続可能で「豊か」な社会』ちくま新書
清水博編著（2000）『場と共創』ＮＴＴ出版
Strong, M. F. (2000), *Where on Earth are We Going?*
上田惇生（2006）『ドラッカー入門――万人のための帝王学を求めて』ダイヤモンド社
梅田靖編著（1998）『インバース・マニュファクチャリング――ライフサイクル戦略への挑戦』工業調査会
山内直人・出口正之編（2000）『ケース・スタディ　日本のＮＰＯ』大阪大学大学院国際公共政策研究科・山内研究室
The World Committee of Environment and Development (1987), *Our Common Future*：大来佐武郎監修『地球の未来を守るために』福武書店、一九八七年
吉川弘之＋ＩＭ研究会（1999）『逆工場』日刊工業新聞社

第2章　GMとドラッカー

――スローンはなぜドラッカー『企業とは何か』を無視したのか。その結果は――

アルフレッド・P・スローン〔Sloan（1963）所収の著者写真より〕

「経営政策というものは一時的なものでしかありえず、常に陳腐化の惧れがある……。」

「GMが認めることのできなかった考えが、マネジメントについてのこの考え方だった。彼らはマネジメントという科学の先駆者を自認していた。マネジメントとは医学と同じように、基本的に実務であり、科学はその道具にすぎないとの私の考えはとうてい認めることができなかった。事実GMは、戦後、一九二〇年代から三〇年代にかけて練り上げた経営政策と組織構造に復帰し、部分的な修正は加えたもののほとんどそのまま今日にいたっている。」

——Drucker, P. F. (1946), *Concept of the Corporation*, Epilogue (1983)：上田惇生訳『企業とは何か』ダイヤモンド社、二〇〇八年、二七二～二七四ページ。

はじめに

一九五四年、『フォーチュン』誌の全米企業ランキングが発表されるようになって以来、半世紀にわたりそのトップ・グループの常連であり続けてきた、米国を代表する企業GM（General Motors Corporation）が、二一世紀に入って、経営不振に病んでいる。

GMは、二〇〇一年以降、純利益の伸び悩みに直面してきたが、二〇〇五年にはとうとう通期で一〇五億六七〇〇万ドルの赤字に転落した。通期赤字は、一九九二年、二三五億ドルという米国企業史上最大（当時）の赤字を計上して以来のことである。

二〇〇六年は、幅は縮小したが、それでも二〇億ドルの赤字を計上している。さらに二〇〇七年は、当初リストラ効果もあり、本業自動車事業の赤字は縮小しつつあったが、個人向け住宅融資（サブプライムローン）問題の余波で金融関連会社GMACの損失が拡大し、通期で一九九二年の赤字を大きく上回る過去最大の、三八七億三二〇〇万ドルの赤字に陥ることになった（本章九一ページ、表2―1を参照）。

このような不振の背景にあるのは、この間のGMの市場シェアの大幅な低下である。GMのメインランドである米国での市場シェアは、一九八〇年代以来低落を続けている。七〇年代までは五〇%を超えていたが、八〇年代には四〇%を割り込み、今日まで一貫して低落を続けて、今では二五

%も割り込んでいる（本章九三ページ、図2―2を参照）。

他方、一九七〇年代にはまだ先行するGMの背中も見えなかった日本の自動車企業、とくにトヨタ自動車のこの間の進出は著しい。二〇〇七年には、総生産台数（ダイハツ工業、日野自動車を含むグループとしての）が九四〇台を超え、九二五万台のGMを追い越し、史上はじめて世界一を実現した。

いうまでもなく、このような状況展開の背景にあるのは、なによりも一九八〇年代以降の自動車市場の急速なグローバリゼーションと、それに対する世界主要自動車各社の対応戦略の結果であるといってよいであろう。

さらに、環境・資源エネルギー問題に対する消費者の価値観が大きく変わるなかで、グローバル化する市場でますます重要性を増してきているのは、これらの課題に配慮された技術開発、製品開発である。

こうして一九八〇年代以降、自動車産業をめぐる市場環境と技術・製品環境は、大きく転換した。いうまでもなく、このような環境変化に対して、企業サイドの競争パラダイムも大きく転換を迫られることになった。

一九八〇年代以降の世界市場での自動車企業の浮沈を決めたのは、まさにこのような要因であった。そこでは、各社にとって、一九七〇年代までの各国国内市場を主戦場とした競争戦略パラダイムからの転換が問われた。

その点は、米国という世界最大の自動車市場を支配しているとはいえ、ＧＭにとっても同様であった。

しかし、結果と経過をみる限り、これまでのＧＭは、この点できわめて不十分な対応しか果たせていないようにみえる。

ところで、このようなＧＭの今日の窮状の危険性を早い時期から警告していたのは、かの「マネジメントの発明者」、ドラッカーである。

周知のように、ドラッカーには、『企業とは何か（*Concept of the Corporation*）』と題する、一九四六年刊行の名著がある。本書は、これもよく世に知られているように、ドラッカーが一九四〇年代半ば、ＧＭそのものからの依頼でＧＭの内部を調査し、それに基づいて書かれた、ドラッカーにとっても最初の本格的な、企業の内部組織研究であった。それは、ドラッカーの「マネジメントの発明者」としての名を後世に残すことになった、引き続く一連のマネジメントの書、『現代の経営』（一九五四年）、『経営者の条件』（一九六四年）、『創造する経営者』（一九六六年）、『マネジメント——課題・責任・実践』（一九七四年）などの基礎になった記念碑的作品であり、また米国を代表する大企業ＧＭの内部組織の最初のケーススタディでもあった。

しかし、本書は、ＧＭの総師アルフレッド・Ｐ・スローンの受け入れるところとはならなかった。スローンは、ドラッカーの本書をみて、その成果を打ち消すべく、後に『ＧＭとともに（*My Years with General Motors*）』（一九六三年刊行）に結実する自著の執筆を決意したとされる。そして、このスローンの著書こそが、以後GM内のいわば経営のバイブルとして君臨することとなった。それは今日もかわらない。

ドラッカーは、GMを研究した自著が無視され、代わってスローンの著書が権威付けられた組織の内部状況に対して、個人的、主観的な感情のレベルではなく、客観的なGMの将来への展望の問題として危惧を表明した。最も体系的なそれは、『企業とは何か』一九八三年版のエピローグにおいてである。

スローンの著書『GMとともに』は、今日でも、経営実学のバイブルとして、世界的に広く読まれ、高い評価を得ている。それに最も忠実な組織として固められてきたGM自身が、いまなぜ、このように呻吟するのであろうか。

他方、ドラッカーは、スローンの経営観に何を見、そこからGMの将来に対するどのような危惧を感じたのであろうか。

1　二〇世紀企業改革の雄としてのGM――スローンの功績

少なくとも一九六〇年代まで、GMは二〇世紀企業改革の雄であり、米国企業の象徴であった。今日も米国企業のステータスを表示する『フォーチュン』誌の全米企業ランキングが発表されるようになったのは一九五四年からであるが、それ以来、半世紀にわたりGMはそのトップ・グループの常連であり続けてきた。そして、一九二三年から五六年までの三三年間、ＧＭをＣＥＯ（最高経営責任者）として率いてきたスローンの著書、一九六三年に刊行された『ＧＭとともに』は、今日に至るも多くの企業経営に関心を持つ人々に読まれ、「二〇世紀最高の経営書」と評価されている。

このＧＭの存在を磐石のものにしたのは、一九二〇年代前半、スローンに主導されて実現した組織改革、事業部制の導入であった。

（１）ＧＭの設立と経営危機——創立者デュラントの退陣

ＧＭにおける事業部制の導入について語るには、その前提として確認しておかなければならないのは、そもそもＧＭがどのような経過で成立したかということである。

スローン『GM とともに』(1963年) 原著

ＧＭは、一九〇八年、投資家ウィリアム・Ｃ・デュラントにより、自らの手で育てた当時米国最大の自動車会社、ビュイック（Buick）社を支配する持株会社として設立された。その後、ＧＭは、一九〇八年から一九一〇年にかけて、一八九七年設立の老舗自動車会社オールズ（Olds）社を皮切りに、オークランド（Oakland）社、キャディラック（Cadillac）社など、後にＧＭの自動車ブランドを構成することになる主要な自動車会社を中心に、合計二五の会社を株式交換などの方法で傘下に収めた。

デュラントは、当時もう一つの有力自動車会社フォード（Ford）社に対しても参加を持ちかけたといわれる。フォードはこの話に乗らず、独自の道を歩むことになった。

しかし、一九一〇年、デュラントは買収資金で負った多額の負債のため、GMの支配を手放し、GMを去った。

デュラントはGMを去った後、一九一一年、シボレー（Chevrolet）社の設立に関わった。さらに一九一六年、デュラントはピエール・S・デュポンの支援を得て、GMにカムバックした。そして、一七年には、シボレー社をGMの傘下に収めた。

しかし、一九一九年からの景気低迷はGMの経営を直撃し、工場はほぼ全面的に停止状態に陥った。二〇年、ついにデュラントは経営不振の責任をとって社長を辞任し、再びGMを去ることになった。

（2） 事業部制の導入

一九二〇年、デュラントが去った後、GMは組織の建直しを迫られていた。デュラントの辞任後社長の座を引き継いだデュポンは、この組織建直しの仕事を、アルフレッド・P・スローンの手に託した。当時スローンは、GM傘下の部品・アクセサリー・メーカー、ユナイテッド・モーターズ社の社長であり、同時にGMの取締役と経営委員会のメンバーにも加わっていた。

図2－1　1921年1月に採用されたGMの事業部制略図

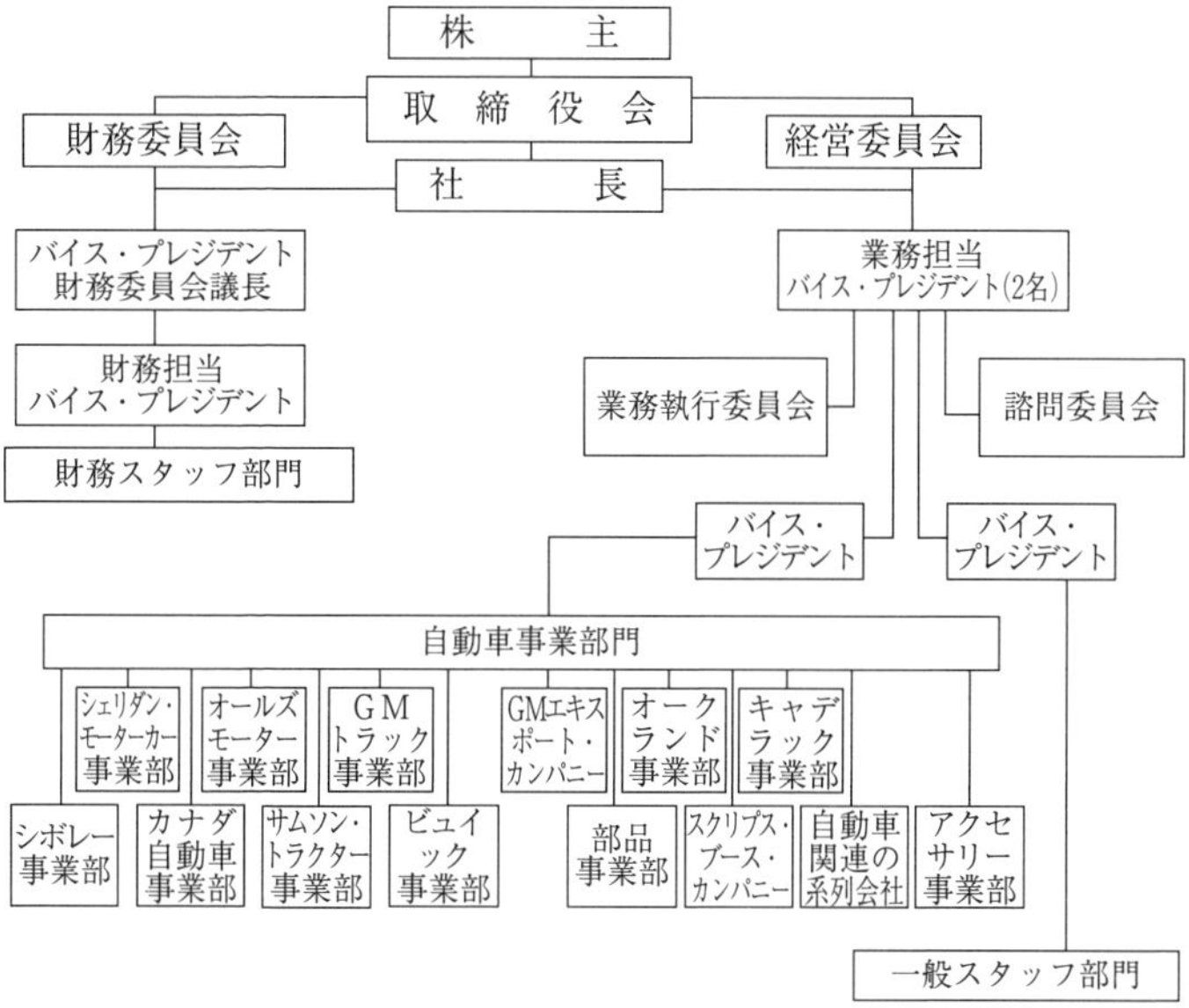

〔出所〕Sloan（1963）：邦訳、502～503ページの組織図より。

スローンは新社長デュポンの要望に直ちに応えて、一九二〇年末の経営委員会に組織改革案を提案した。改革案は、経営委員会、取締役会で承認を得、一九二一年早々から実行に移されることになった。この組織改革案こそが、企業組織改革の歴史を画することになる「事業部制」の導入であった（図2―1）。

スローンがこのように機敏に組織改革案を提起できたのは、すでに一年前に前社長デュラントから求められて改革案『組織についての考察』を準備していたからである。

GMはすでに見たような主として買収によるその成立経過や、さらに第一次世界大戦後にとった一層の拡大路線の結果として、大きなひずみと弱点を抱えていた。それが経営不振時に一挙に噴出した感があった。スローンは、その状況をつぎのようにのべている。

「GMは組織に大きな弱点を抱えていた。第一次世界大戦中、そして戦後のインフレ期には表立ったひずみは見られなかったが、一九一九年末から二〇年にかけては見過ごせない問題へと発展した。各事業部ともに生産能力の拡大を計画しており、要求すれば巨額の予算を得ることができた。ところが、資材コストと労働コストが急騰したため、拡大の完了を待たずに予算が底を突いてしまった。各事業部の支出は軒並み予算をオーバーした。事業部間で予算の奪い合いが始まり、経営上層部でもさまざまな思惑が交錯するようになった。」〔Sloan（1963）：邦訳、三六ページ〕

スローンの『組織についての考察』は、このような状況を打開することを念頭において作成されたものであった。したがってそれは、抽象的、一般的な組織理論からの結論ではなく、現実にGMが直面していた組織上の解決課題からの帰結であった。

この点で留意される価値があるのは、化学会社デュポン社の採用した事業部制との違いである。一九一六年デュラントのGMカムバックを支え、また二〇年デュラント退陣後、GMの社長に就任したのがデュポン社を率いるピエール・S・デュポンであったこともあって、GMの事業部制はデュポン社に倣ったものであるかのようにみる向きもあった。しかし、両社における事業部制導入の事情を具体的に見ると、まったく正反対の状況がその背景になっている。

一方のデュポン社は、よく知られているように一九世紀からの著名な爆薬製造会社であったが、第一次世界大戦を境に急速に化学会社として製品分野の多角化を展開した。しかし、その組織体制は、それまで、伝統的な当時の多くの米国企業と同じように機能部門別の集権的な組織体制をとっていた。そこで、デュポン社にとっては、多角化した事業構造に相応しい組織体制として、分権的な事業部制が志向された。

他方、ＧＭの方は、事情はまったく逆であった。すでに見たその成立ちの経過からわかるように、ＧＭは、そもそも著しく分権化された状況におかれており、極端にいえば、独立会社の寄り集まりといっていい状況であった。ここでは、むしろ分権化のメリットを残しつつ、いかにして一つの会社としての統一性を確立するかが課題であった。

スローンの作成していた『組織についての考察』は、ＧＭのこのような現実的な課題を解決しようとしたものであった。

こうしてデュポン社とＧＭは、実際、人脈と資本で深いつながりを持っており、しかもほとんど同じ時期、第一次世界大戦直後に事業部制の導入に踏み切ることになったが（デュポン社の方は、ＧＭの導入の九カ月後に事業部制を採用した）、その現実的な背景は、まったく異なるものであり、それぞれ独自の必要から結果的には同様の仕組みを持つ組織体制に行き着くことになった。

実際、米国の多くの企業も、また世界の主要企業も、そのころから規模の拡大と事業構造の複雑化のなかで急速にデュポン社やＧＭと同様の企業組織問題に直面することになった（あるものは過度の集権化に、またあるものは過度の分権化に）。このような課題に先進的な解決形態を世に提示した両社の経験は、当時の企業の直面する問題に有力な解答を提示することになった。そのようなこともあって、事業部制はその後、デュポン・タイプの企業でも、GMタイプの企業でも、企業の世界に広く普及することになった〔以上、事業部制の採用については、Chandler（1962）を参照〕。

(3) スローン『組織についての考察』の考え方——事業部制の原理と実践

それでは、事業部制構築の基本となったスローンが『組織についての考察』で提示した組織改革構想とはどのようなものであったか。

その要点をスローンの著書『GMとともに』にもとづいて見ておく〔Sloan（1963）：邦訳、六〇〜六七ページ〕。

まず前提となっているのは、「従来の効率性をいっさい損なわないようにしながら、幅広い事業全体に権限ラインを確立して、全体の調和を図る」ことである。

その上で基本となるのは、つぎの二つの「原則」である。

原則1　各事業部の最高責任者は、担当分野についてあらゆる権限を持つこととする。各事業部は必要な権限をすべて有し、自主性を十分に発揮しながら筋道に沿って発展を遂げていける。

原則2　全社を適切にコントロールしながら発展させていくためには、本社が一定の役割を果たすことが欠かせない。

ここには、事業部への「分権化」と、本社による一体的コントロールのための「集権化」という、よく知られた事業部制の二つの大原則がのべられている。このようにのべてしまうと、なんの変哲もない原則の表明である。

しかし、周知のように、事業部制の成功も失敗も、この二大原則の現実の運用に懸かっているといっても過言ではない。事業部制を採用した企業にとっては、かつても今も、この原則の有効な運用との闘いである。

そのことを誰よりも早く体感したのは、多分スローン自身であったであろう。そのような現実の苦労を、スローンはつぎのような言葉で語っている。

「組織について語る際にはいつも、適切な表現が見つからずに苦しむ。さまざまな相互関係の実情を、ありのままに表せないのである。加えてその都度、各事業部の完全な独立、調和の必要性、本社によるコントロール、などといった別の側面に光を当ててしまうのである。しかしいずれにせよ、カギを握るのは『相互関係』である。」〔Sloan（1963）：邦訳、六三ページ〕

スローンはそのことを察し、五つの「目的」という形で、さらに上の原則をいかに運用すべきかを説いている。

目的１　各事業部の役割を明確にする――その際には他事業部との関係のみならず、本社組織との関係をも定めなければならない。

目的２　本社組織の位置づけを定め、全社との足並みを揃えながら必要で合理的な役割を果たせるようにする。

目的3　経営の根幹に関わる権限は、社長すなわちCEOに集中させる。

目的4　社長直属のエグゼクティブを現実的な人数に絞り込む。他に任せておけばよい事柄から社長を解放して、より大きな全社的な課題に集中させるためである。

目的5　事業部や部門が互いにアドバイスを与え合う仕組みを設けて、それぞれが全社の発展に寄与できるようにする。

以上のような原則と目的にもとづいて形作られたGMの事業部制は、一九二一年早々から実施された。そのときの組織構図は、前掲**図2—1**（七一ページ）のようなものである。この組織構図の基本は、第二次世界大戦後も、さらに二一世紀の今日にいたるまで変わることなく継続している。

『GMとともに』が刊行されたのは一九六三年である。スローンはそれまでの実践を振り返り、同書の締めくくりの部分で、繰り返し事業部制運用の難しさと、同時に、事業部制の筋道の有効性を説いている。

スローンは、「なぜある経営が成果を上げ、他がつまずくかは、容易にはのべられない」としながらも、「権限の分散と集中をうまくバランスさせ、分権化を進めながらも全体の足並みを揃え続けるのが、優れた経営の秘訣である」〔Sloan（1963）：邦訳、四九一ページ〕とのべている。

スローンは、さらに以下のようにのべて同書を締め括っている。

「本書ではGMの組織についても説明したが、読者の皆さんに、私が『組織はすでに完成している』と考えているとの印象を与えてしまっていなければよいのだが。企業は例外なく変わり続けていく。変化は好ましい方向、好ましくない方向、両方があり得る。私はまた、組織は放っておいても動いていく、との印象を皆さんに残していないことも願っている。組織が判断を下すことはあり得ない。組織の動きは、既存の尺度に沿って、秩序立った判断が下せるような枠組みを用意することだ。判断を下し、その判断に責任を持つのは、一人ひとりの人材である。」〔Sloan（1963）：邦訳、四九九ページ〕。

2　ＧＭの事業部制からドラッカーは何を学んだか
——ドラッカー『企業とは何か』があきらかにしたこと

ドラッカー『企業とは何か』(1946年）原著

一九二〇年代に導入され、以後二〇世紀の企業組織改革の大きな指針となってきたＧＭの事業部制を実際にＧＭの内部にまで入って調査し、その現代的意義を誰よりも早く社会的にあきらかにしたのは、ドラッカーであった。一九四六年に刊行された『企業とは何か』は、二〇世紀前半から半ばに、急速にその社会的存在感を増してきた大企業の組織の仕組みと社会的意味を、その内部の具体的な実態を踏まえて解明した最初の学術書であった。

よく知られるように、ドラッカーは、同書のなかで、まずはじめに、到来しつつある産業社会において人間の生活と生き方を規定し、方向付け、その社会観を定め、また問題を生み出すとともに問題を解決していく代表的な社会組織が「企業」という存在であることをあきらかにし、この社会的存在を徹底的に分析することの重要性を強調した。

このような観点に立って、ドラッカーは、一九四三年、機会を得て、米国の代表企業GMの内部調査を行い、これをベースとして、具体的に現代の企業がつぎの三つの側面をもつことをあきらかにした。

第一　事業体としての企業
第二　社会の代表的組織としての企業
第三　産業社会の存在としての企業

（1）事業部制の評価

まず「事業体としての企業」という側面では、ドラッカーは、「そもそも企業が社会や人間のために働くには、事業体として機能できなければならない。あらゆる組織と同じように、まず組織として存続することが必要である」ことを強調した。

その上で、「企業とは人間組織である」ということ、「企業においてもっとも重要なものが人間組織である」ということ、そして「人間組織の存続こそ絶対の規範である」とした。

このような企業の存在意義の確認に立ち、ドラッカーは、そのような企業存続のための経営政策として、ＧＭが一九二〇年代に実現した組織改革、組織分権制としての事業部制の原理とその機能、その意義を詳細にあきらかにした。ＧＭの組織改革、事業部制についての、この紹介は、史上はじめての試みであり、社会的に大きな関心を呼んだ。ドラッカーの『企業とは何か』は、この事業部制を最初に本格的に世に紹介した業績であり、事業部制が後に企業の組織改革の流行となるきっかけとなった。

ドラッカーは、まずはじめに「企業は存続しなければならない」として、つぎのように問題提起をする。

「企業にとって重要なことは、経済効率に優れた生産という共通の目的に向けた人間活動のための組織として存続することである。そのために必要とされるものが、管理と目的を調和させ、弥縫策ではない変化への対応を可能にし、かつ現場の仕事を評価するための尺度と枠組みとなりうる経済政策である。」〔Drucker（1946）：邦訳、三九ページ〕

これに続けて、ドラッカーは問う。「企業はこれらの問題を解決できるだろうか」と。

このような問いへの回答として、ドラッカーはＧＭの事業部制、分権制を評価する。

ＧＭは、「事業の規模に伴なう問題」「多様性にかかわる問題」「事業部の自立性にかかわる問題」、さらに「一体性の問題」、といった相矛盾する関係も含むような多様な問題を抱えた大企業である。

このような現代を代表する企業であるＧＭが、事業部制を採用し、これらの問題を一体的に解決するのに成功した。ドラッカーはいう。

「事業部に最大限の独立性と責任を与えつつ、全体の一体性を保持した。集権と分権のバランスに成功した。これがＧＭの分権制である。」〔Drucker（1946）：邦訳、四六ページ〕

「ＧＭの分権制は、本社経営陣と事業部経営陣の関係にとどまらない。職長を含むあらゆるマネジメント上の階層に適用される。それはまたＧＭの内部にとどまらない。事業上のあらゆる取引先、特にディーラーとの関係にまで適用する。まさにスローンとその同僚にとっては、分権制こそ近代産業社会の直面するほとんどあらゆる問題への答えである。」〔Drucker（1946）：邦訳、四六ページ〕

こうして、分権制はＧＭにとっては、広く適用されるべき組織の基本原理となった。ドラッカーはこの分権制がいかにメリットに富むものであるのかを、ＧＭの内部の、以下のような生の声を紹介して、示している。

・意思決定のスピードが速い。
・ＧＭ全体の利害と事業部の利害との間に対立が生じない。
・万事に公正が確保されている。
・民主的な実力主義が実現されている。
・エリートとその他大勢の差別がない。
・マネジメントの責任を担う人間が大勢いる。
・事業部の業績や事業部長の能力がはっきり現れる。

・何のために何を行っているかがわからないという、一方的な命令によるマネジメントは行われていない。

これらの説明からも明らかなように、「GMでは、分権制は組織の原理として正しいとされているだけではない。現実に実行され、成果をあげている」〔Drucker（1946）：邦訳、四八ページ〕と、ドラッカーは彼自身のGM内部での調査の実感を通して高く評価している。

しかし、他方でドラッカーは、外部環境の変化との関係で、経営政策には絶えず陳腐化の危険があることも指摘した。

「変化するには経営政策が必要とされる。それを策定するものも必要とされる。しかし経営政策は、その本質および機能からして、しばしば日常の活動から切り離されるおそれがある。……これは重大な危険である。それでは自分たちが行っていることが何であり、なぜであるかがわからない。意味のなくなった時代遅れの規則を経営政策と名づけ、聖なる牛のように扱うことにもなる。」〔Drucker（1946）：邦訳、三九ページ〕

経営政策についてのこの指摘は、ドラッカーの予想を越えて、スローンおよびGMトップとの関係で厳しい問題を孕むことになった。

（2） 従業員関係のあり方

第二の、「社会の代表的組織としての企業」という側面からは、ドラッカーはとくに企業という組織とそれを構成する従業員との関係の新しいあり方を提案した。

ドラッカーは、まず、「もし企業がアメリカ社会の代表的組織であるならば、これらアメリカ社会が信条とするものを体現する存在でなければならない。一人ひとりの人間に機会の平等を与え、位置づけと役割による尊厳をあたえなければならない」という考え方を出発点におく。そして、「一人ひとりの人間に位置づけと役割が必要であるということは、産業社会にあっては、人は社会における位置づけと自己実現の喜びを、企業の一員すなわち従業員として得るより他にないことを意味する。すなわち個としての人間の尊厳は、仕事を通じてのみ得られる」〔Drucker（1946）：邦訳、一三〇～一三一ページ〕とする。

しかし、現実の産業社会では、人々の社会における位置づけと役割、自己実現と充足が必ずしも実現されているわけではない。それはなぜか。その一つの答えは、現代最先端の大量生産工場での仕事がいかにも単調で、それは創造力の発揮どころか、単なる賃金のための労働になっているからである。

しかし、ドラッカーはこのことが示す一面の真実をみとめつつも、問題のより重要な点は、仕事の内容ではなく、仕事の重要度への認識であると指摘している。そして、実例を戦時生産の経験からとっている。ドラッカーはいう。

「戦時の経験はさらに多くを教える。イギリスでは、戦時下にあって働く人たちが、かつてない充足、自己実現、市民性、自信、誇りを経験したことが報告されている。しかもこの現象は、機械化が加速的に進行する中で見られた。アメリカでも西部のある航空機部品メーカーから似た経験が報告されている。」〔Drucker（1946）：邦訳、一四六〜一四七ページ〕

「これらのことは、何が問題かを明確に示している。確かに単調さという問題は残る。……だが最大の問題は、それら作業上のものではなく、社会上のものである。大量生産産業では、仕事に働きがいを見出すうえで必要な、仕事の意義づけが行われていない。そこに働くものは、いかなる製品もつくっていない。何をなぜ行っているかを知らない。仕事は賃金以外にいかなる意味もない。」〔Drucker（1946）：邦訳、一四四ページ〕

現代企業における従業員という存在についての、このような評価に立ち、ドラッカーは企業が直面する問題を解決し、創造性を高めるために、仕事をすすめるうえでの、さまざまな側面での従業員の参画を提案した。ドラッカーはいう。

「したがって難しくはあっても、働く者のために行っている職場コミュニティに関わる仕事に、働く者自身を参画させなければならない。今日経営側は、それらの仕事を働く者たちに行わせず、自ら行いすぎている。」〔Drucker（1946）：邦訳、一八四ページ〕

（3） 企業の社会的責任について

第三の、「産業社会の組織としての企業」という側面からは、とくに企業という組織の果たすべき社会的責任について強調した。

この点でドラッカーが立脚するのは、「いずれにせよ企業とは、社会のための道具であり、社会のための組織である」という点である。「したがって、社会は企業に対し、その存在理由である経済的機能を果たすことを要求しなければならない。これこそ企業に対する絶対の要求である。企業が存続し機能するうえで必要とする絶対の要求と並ぶ絶対の要求である」と、ドラッカーは言う〔Drucker（1946）：邦訳、一九六ページ〕。

それでは、この二つのこの絶対的な要求はいかなる関係にあるのか。社会が繁栄し機能していくうえで必要な条件と、企業自身が機能するうえで必要な条件は、調和するのか、対立するのか。「ここで少なくとも言えることは、社会が自由企業体制のもとで機能するには、これら二つの条件が同一の経済政策によって満たされなければならないということである。社会の利益のための経済政策が、企業が機能するための経済政策と相容れないのであっては、社会と企業のいずれもが麻痺することになる」〔Drucker（1946）：邦訳、一九六〜一九七ページ〕と、ドラッカーは言う。

こうしてドラッカーは、現代企業は自らの存続のためにその経済的機能を果たすと同時に、自らの属する社会の存続のためにその機能を発揮する社会的責任があることを強調した。

3 『企業とは何か』とスローン
——なぜスローンは『企業とは何か』を評価しなかったのか

ドラッカーは、GMの細密な内部実態調査の結果を踏まえ、それを通して第二次世界大戦後急速にその存在感を増してくる企業の社会的な意味、役割を、『企業とは何か』を著わして世に問うた。『企業とは何か』は、社会的には好評を博し、ベストセラーとなった。

ドラッカーは、当然のこととして、米国のどの企業よりもGM自身が自分の意見に耳を傾けてくれることを期待した。

しかし、GMの総師スローンは、ドラッカーにGM調査を自ら依頼し、調査活動を好意的に支援したにもかかわらず、その成果、『企業とは何か』をまったく評価しなかった。というよりもむしろ、これを意識的に無視した。

スローンは刊行された『企業とは何か』に言及することは一切なかった。また、この著作はGM社内でおかれることも、言及されることも固く禁じられたという。

スローンはドラッカーの『企業とは何か』が刊行された一七年後の一九六三年、彼自身が生涯を閉じる三年前に、今日も「二〇世紀最高の経営書」といわれる名著、『GMとともに』を世に問うた。このなかでは、スローン自身が主導してきたGMの経営改革の詳細が自伝風に紹介されている。

そのハイライトは、彼自身も自負するように、何といっても一九二〇年代初頭の事業部制、分権制の導入であった。それは、これがGM再建の切り札であったからである。

後日、スローン自身がドラッカーに語ったところによれば、『GMとともに』を書く気になったのは、実はドラッカーの『企業とは何か』の刊行であったという。しかし、この『GMとともに』のなかでも、先行してGMの事業部制の原理とその意義を世に紹介したドラッカーの『企業とは何か』に触れることは一切なかった。

スローンは、なぜドラッカーの『企業とは何か』を評価しなかったのか。あるいは無視したのか。ドラッカーは、後年、『企業とは何か』の一九八三年版の終章にくわえたエピローグ「成功を原因とする失敗」のなかで、スローンが『企業とは何か』を受け入れなかった理由として、つぎの三つの点を挙げている。

第一　経営政策（マネジメント）についての考え方

第二　従業員関係、従業員政策についての提言

第三　大企業は公益にかかわりがあるとする考え方

そして、これらのいずれもが、戦後のGMの成功の元となり、しかしまたのちには不振の元となったものであった、とのべている。

これらの点をもう少し具体的にみてみる。

（１）　経営政策（マネジメント）についての考え方

スローンとＧＭにとって気に入らなかった第一の点は、「経営政策というものは一時的なものでしかありえず、常に陳腐化の惧れがある」というドラッカーの考え方であった。

スローンとＧＭにとっては、「経営政策とは原理であって恒久的たるべきもの。少なくとも長期に続くべきもの」であった。つまりスローンとＧＭは「物理の法則のような絶対的な原理を発見したと考えていた。それは徹底的に検討し検証したものであって、間違いのありようのないもの」だった。

しかし、ドラッカーの考え方は、「経営政策というものは、人が考えたものであるからして唯一絶対たりえず、せいぜいのところ、正しい問いを見つけるための問題提起にすぎない」というものであった。

ドラッカーはのべている。

「ＧＭが認めることのできなかった考えが、マネジメントについてのこの考え方だった。彼らはマネジメントという科学の先駆者を自認していた。マネジメントとは医学と同じように、基本的に実務であり、科学はその道具にすぎないとの私の考えはとうてい認めることができなかった。事実ＧＭは、戦後、一九二〇年代から三〇年代にかけて練り上げた経営政策と組織構造に復帰し、部分的な修正は加えたもののほとんどそのまま今日にいたっている。」〔Drucker（1946）：邦訳、二七二～二七四ページ〕

（2） 従業員関係、従業員政策についての提言

第二に、スローンとGMが気に入らなかったのは、従業員関係、従業員政策についての考え方であった。

ドラッカーは『企業とは何か』で、第二次世界大戦時下での経験から、「戦後の従業員関係の基本は、仕事と製品に誇りをもちたいという従業員の意欲におくべきであり、労働力はコストではなく資源としてとらえるべきである」ということを提言した。

「マネジメント的視点をもつ責任ある従業員と、職場コミュニティの実現」がドラッカーの一貫したキーワードであった。

この考え方は、スローンの後継者と目されていた当時の社長、チャールズ・E・ウィルソンの賛意を得ていたが、スローンやGMのトップ主流の共感を得ることができなかった。さらに、この考え方に対しては、全米自動車労働組合（UAW）が強烈に反対した。従業員の全米横断組織からすれば、ドラッカーの考え方は、組織分断をすすめるものだったからである。

こうして、従業員関係についてのドラッカーの考え方はスローンとGMトップ主流の受け入れることとはならず、無視された。戦後この考え方を、むしろ積極的に受け入れたのは、日本企業であった。

この点について、ドラッカーはつぎのようにのべている。

「責任ある従業員と職場コミュニティの実現を目指したウィルソンの試みを潰したGMの経営幹

部が大きな間違いを犯したことには、いささかの疑いもない。しかしそれ以上に、労組のリーダーたちの行ったことが間違いだった。そうすることによって彼らは、アメリカの労働組合運動を不毛と無能に追い込み、やがてまったく無意味な存在にしてしまった。私自身について言うならば、マネジメント的視点をもつ責任ある従業員という考えこそ、もっとも重要な考えであって、社会に対する最大の貢献だったと自負している。」〔Drucker（1946）：邦訳、二八〇ページ〕

（３）　大企業の社会的責任について

第三に、スローンとＧＭが気に入らなかったのは、大企業の社会的責任についての考え方であった。

ドラッカーは『企業とは何か』で、企業は公益にかかわりがあるとし、社会の問題にも関係をもたざるをえないとした。しかし、スローンとＧＭの経営幹部は、ＧＭに経済的機能を超えた権限と責任を与えることを拒否した。スローンにとって企業とは、それに固有の機能、つまり経済的機能に専念すべきものだった。

「権限なきところに責任はなく、社会的な責任を自負する企業は、いかに自制しようとしても、社会的な権力を要求することになるという考えそのものは間違いではなかった。また、企業に限らずあらゆる組織が、その得意とする能力に限りがあり、その能力を超えた領域では成果はあげられないという考えも間違いではなかった」と、ドラッカーもＧＭの考えに理解を示している〔Drucker

(1946)：邦訳、二八四ページ〕。

しかし、ドラッカーは主張した。「われわれは、いかに理屈が通っていようとも、GMの考えが適切でなくなったことを知るに至っている。それは、一般に言われるように、企業、病院、大学、労組などの組織には、それぞれの機能と能力を超えた社会的責任があるがゆえに適切でなくなったのではない。われわれは今日、新しい種類の多元社会を迎えている。……まさにこのような変化を認めず、自らのあり方や、ほかとの関係、責任、立場について徹底的に検討しなかったことが、GMのその後の弱みの原因となり、ある意味では経営陣としての責任の放棄を招いたといえる。」〔Drucker (1946)：邦訳、二八五ページ〕、と。

4　ドラッカーの警告とGM――GMの窮状をもたらしたものは何か

(1)　一九七〇年代以降のGMの窮状

スローンが生涯を閉じたのは一九六六年、『GMとともに』を世に問うた三年後のことである。そのころまでのGMは、売上高純利益率が大体七％台以上を保ち、米国ナンバー1企業に相応しい業績を確保してきていた。

そのような実績を背景に、GMは自ら米国を代表する企業であることを自認し、また社会的にも広くGMが米国を代表する企業であると認められる状況がつくられていた。

表２－１　ＧＭの経営実績推移（1951～2007年）

（単位：100万ドル）

年	売上高	純利益	売上高純利益率	年	売上高	純利益	売上高純利益率
1951	7,466	506	6.8%	1979	66,311	2,893	4.4%
1952	7,549	559	7.4%	1980	57,729	－775	－1.3%
1953	10,028	598	6.0%	1981	62,699	321	0.5%
1954	9,824	806	8.2%	1982	60,026	950	1.6%
1955	12,443	1,189	9.6%	1983	74,582	3,730	5.0%
1956	10,796	847	7.8%	1984	83,890	4,517	5.4%
1957	10,990	844	7.7%	1985	96,372	3,999	4.1%
1958	9,522	634	6.7%	1986	102,814	2,945	2.9%
1959	11,233	873	7.8%	1987	101,782	3,551	3.5%
1960	12,736	959	7.5%	1988	123,642	4,856	3.9%
1961	11,396	893	7.8%	1989	126,932	4,224	3.3%
1962	14,640	1,459	10.0%	1990	124,705	－1,986	－1.6%
1963	16,495	1,592	9.7%	1991	123,109	－4,453	－3.6%
1964	16,997	1,735	10.2%	1992	132,243	－23,498	－17.8%
1965	20,734	2,126	10.3%	1993	138,220	2,467	1.8%
1966	20,209	1,793	8.9%	1994	154,952	4,900	3.2%
1967	20,026	1,627	8.1%	1995	168,829	6,881	4.1%
1968	22,755	1,732	7.6%	1996	164,069	4,963	3.0%
1969	24,295	1,711	7.0%	1997	178,174	6,689	3.8%
1970	18,752	609	3.2%	1998	161,315	2,956	1.8%
1971	28,264	1,935	6.8%	1999	176,558	6,002	3.4%
1972	30,435	2,163	7.1%	2000	184,632	4,452	2.4%
1973	35,798	2,398	6.7%	2001	177,260	601	0.3%
1974	31,549	950	3.0%	2002	186,763	1,736	0.9%
1975	35,725	1,253	3.5%	2003	185,524	3,822	2.1%
1976	47,181	2,903	6.2%	2004	193,517	2,805	1.4%
1977	54,961	3,338	6.1%	2005	192,604	－10,567	－5.5%
1978	63,221	3,508	5.5%	2006	207,349	－1,978	－1.0%
				2007	181,122	－38,732	－21.4%

〔出所〕GM, *Annual Report* による。

一九五〇年代アイゼンハウアー大統領政権下で国防長官に抜擢されたGM社長ウィルソンは、「GMに良いことは、米国にも良いことだ」といって憚らなかった。

しかし、一九七〇年代に入って以降、GMの経営業績の足取りは、危うさを感じさせることが多くなってきた。

ここで、GMの戦後の経営業績の推移をみてみよう。

表2―1に見るように、GMの経営業績は、一九七〇年代に入ると、売上高純利益率が六%台以下に割り込み、一九八〇年にはマイナスへの落込みを経験した。さらに、一九九〇年代はじめには、世界的なマクロ経済の落ち込みもあって、三年連続のマイナスに落ち込み、一九九二年には、二三五億ドルの赤字という米国企業史上でも稀にみる大赤字を記録した。

その後、一九九〇年代後半には幾分の回復がみられたが、二〇〇一年以降は再び厳しい状況に陥り、二〇〇五年には再び一〇五億六七〇〇万のドル赤字を記録した。そして、二〇〇七年には、三年連続の赤字、しかも三八七億三二〇〇万ドルという、過去最大の赤字に陥ることになった。

さらにドラスティクなのは、GMが市場に占めるシェアの変動である。戦後一九六〇年代までは、GMは米自動車市場でシェア五〇%を超える突出した存在であった。しかし、その後、GMのシェアは徐々に低下軌道をたどり始めた。それでも、一九七〇年代にはまだ四〇%台を確保していた。

しかし、一九八〇年代になると、その低下傾向に拍車がかかりはじめ、一九八〇年代後半には三五%台を割り込み、さらに一九九〇年代後半には二〇%台にまで落ち込んだ。二〇〇〇年代に入ってしばらくは二七％前後で推移してきていたが、二〇〇四年以降、ふたたび急速な落込みがみられ、二〇〇五年には二五％さえ割り込んでいる（図2―2を参照）。

　こうして、米国企業の象徴ともされてきたGMは、本業・自動車事業が市場で占めるシェアを、この半世紀の間に半減させたのである。

図2－2　低下するGMの市場シェア（米国市場）
（付。米国とGMの主な出来事）

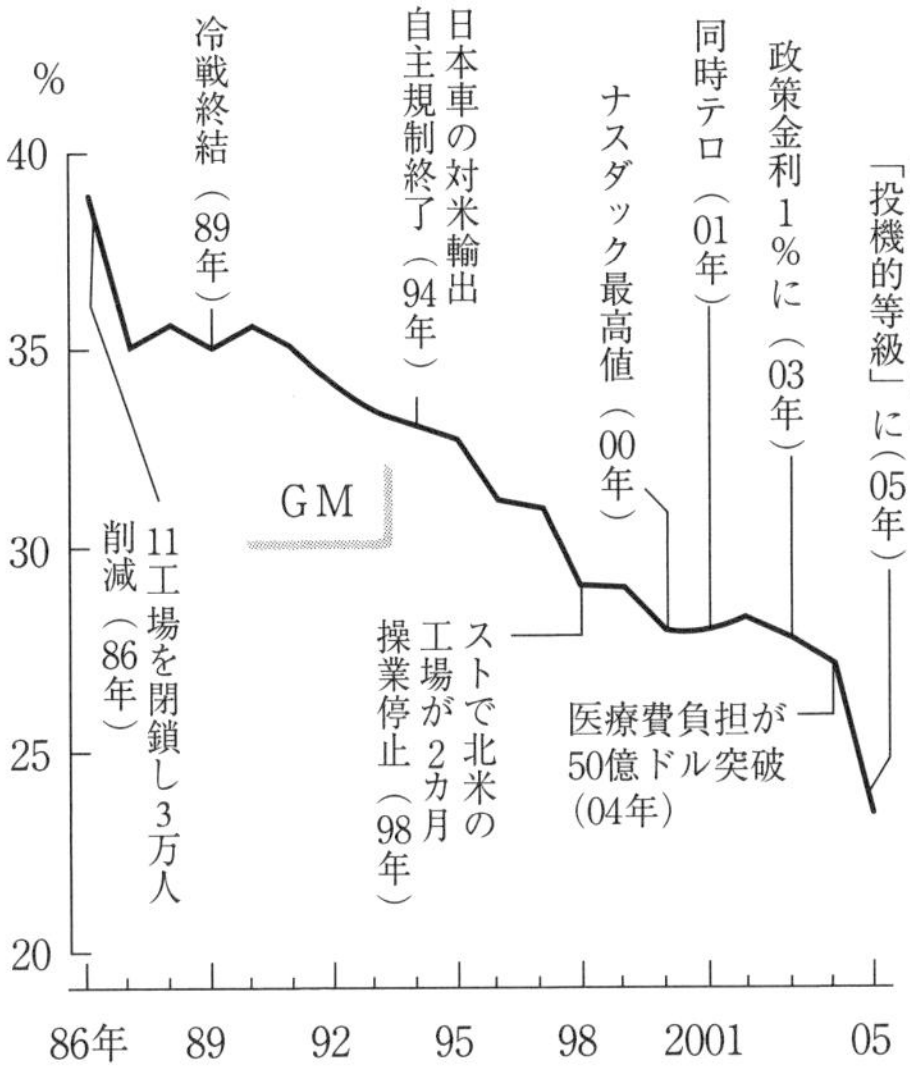

（注）米オートデータ調べ。2005年は11月末現在
〔出所〕『日本経済新聞』2006年1月12日

（2）　GM窮状の背景

　このようなGMの窮状の背景は、すでに多くの人々が指摘してきたように、一言でいえば、戦後半世紀の間に米国および世界の自動車市場の環境が大きく変容し、そこでのビジネス・モデルも変革を迫られてきていたなかで、GMはそれへの適切な対応をなさないまま今日に至っているということである。

　この半世紀の間の、自動車市場

の環境変化の大きな流れは二つある。

いずれもとくに一九八〇年代以降急潮化したものであるが、第一は、市場の国際化、グローバル化である。それまでの国内市場単位の競争の壁が崩れ、競争が一気に国際化の波に洗われることになってきた。その最大の主役は、トヨタ、ホンダ、日産をはじめとする日本の自動車企業であり、これらの日本メーカーの進出によって競争の枠組みの変容を迫られた最大の市場が、米国市場であった。

第二は、環境問題と資源・エネルギー問題が重要化し、実際に燃料費が上昇するなかで、省エネルギー志向の車へのニーズが高まり、またそれが小型車志向を急速に浸透させ、ユーザーの価値観を大きく変えたということである。このような自動車ユーザーの価値観の変化は、それまで長年にわたり自動車王国米国の市場で支配してきた大型車、デラックス車志向の自動車デザインの通念を大きく転換させるものであった。そして、この点でも、環境変化からくる課題にいち早く対応し、新しいタイプの自動車コンセプトを世界に提示したのは、日本のメーカーであった。すでに一九七〇年代に米国の排ガス規制を象徴するマスキー法をいち早くクリアーしたホンダのCVCCエンジンの開発や、一九九〇年代トヨタのハイブリッド・カーの開発は、それを代表するものであった。

こうして、一九八〇年代以降、世界の自動車市場はかつてない大きな市場パラダイムの変化に直面しており、とりわけ米国市場はその主戦場となっている。

このような状況にあって、米国自動車メーカー、いわゆる「ビッグ3」(GM、フォード、クライスラー）はこれまでこぞってなんら有効な戦略を打ち出すことができなかった。省エネ車の開発は大幅に遅れているし、サイズダウンもなかなか進展していない。サイズダウンの実現には、小型車でも利益を出せる生産システムの確立が不可欠であるが、長年大型車生産で利益を上げる体質を蓄積してきた米国メーカーには、一朝一夕には実現できない、大きな体質改革を求められる課題なのである。

もとよりビッグ3もまったく何も手を打ってこなかったわけではない。GMは一九九〇年、小型車戦略の切り札として、新車種「サターン」の導入をおこなった。

またこれに先立ち、小型車生産を得意とする国外のメーカー、とくに日本のメーカーとの提携で、このような状況を乗り切ろうとしてきていた。早くは一九七〇年代、石油ショックで小型車需要が高まると、日本のいすず自動車やドイツのオペルとの協力関係で小型車開発をすすめた。一九八四年にはトヨタ自動車との合弁会社、NUMMIを設立し、小型車生産を強化しようとした。また富士重工業やスズキといった小型車、軽乗用車に強い日本のメーカーとの資本提携もすすめ、小型車生産のノウハウを吸収しようとした。

しかし、小型車戦略を切り札とする日本メーカーとの競争では、本来小型車戦略を得意としないビッグ3、とくにGMにとっては、日本企業との提携戦略や、「サターン」戦略もさして大きな効果を上げたとはいえなかった。

その結果、この間、米国市場でのビッグ3のシェアは急速に下降してきた。一九九〇年代末にはまだ六五％を保っていたビッグ3のシェアが、とくに最近二〇〇〇年代に入ってから六〇％台を割り込み、二〇〇六年には五四％にまで下降した。

これに対して、トヨタ、ホンダをはじめ日本メーカーの進出は目覚ましく、二〇〇六年にはそのシェアは三五％にまで上昇した。

このような状況のなかで、二〇〇五年一〇月、資本提携していた富士重工業の株式をトヨタに売却し、また二〇〇六年三月には、スズキの株式の大半も売却した。

（3）ドラッカーの警告

『企業とは何か』での二回の警告

しかし、GMがこのような状況に直面する危険性について、ドラッカーはすでに『企業とは何か』の中で二回にわたって警告していた。第一回は、一九四六年刊行された『企業とは何か』そのものにおいてである。第二回は、同書の一九八三年版の最終章「成功がもたらす失敗」においてである。

ドラッカーはまず、一九四六年刊行の『企業とは何か』の全体をとおして、戦時生産後のGMのあり方を提示した。ドラッカーが同書であきらかにしたのは、GMの組織実態を事例としながら進化しつつある産業社会、自由企業体制における一般的な企業のあり方についてであったが、それは同時に新しい時代におけるGMそのもののあり方についての提案でもあった。

しかし、米国企業の顔とされ、本業・自動車市場では五〇％のシェアを確保していた一九五〇～

七〇年代のＧＭは、それに耳を傾ける度量をもたなかった。そのことは、既にみたとおりである。

ドラッカーは、さらに同書、一九八三年版に書き加えられた最終章で、今度は一九四六年刊行の自分の著書が史上はじめてのＧＭの分析であったのに、なぜＧＭはこれを無視したのかを分析しながら、直接にＧＭの行き方に警告を表明した。その内容は、すでに紹介したとおり、現代産業社会における企業のあり方を問う三大視点にかかわるものであった。

論文「企業永続の理論」での警告

その後、ドラッカーはさらに、『ハーバード・ビジネス・レヴュー』誌一九九四年九・一〇月号掲載の論文「企業永続の理論」のなかで、一九七〇年代以降のＧＭの経営行動に再度厳しい目を向けている。

「企業永続の理論」は、これまで成功を収めてきた企業が今日困難に陥っているのは、多くの場合、これまでその企業が前提としてきた「事業の定義」が新しい現実にそぐわなくなったためであり、環境の変化に対応して「事業の定義」を見直していかなければならないことを説いた、広く知られた論文である。

この論文のなかでドラッカーは、一九七〇年代以降、この「事業の再定義」の必要に迫られた代表的な米国企業としてＩＢＭとＧＭのケースを取り上げている。

ＩＢＭの場合、一九五〇年代初頭にコンピュータ産業に参入して以来、コンピュータにはビジネス仕様の大型コンピュータという一領域しかないという前提、したがってまたこの産業はハードウエア志向であるという前提のうえでビジネス・モデルを組み立ててきた。したがって、ＩＢＭにとっては、この産業がパソコンという個人仕様のコンピュータ領域を包摂し、したがってまたソフトウエア志向の前提に立つビジネス・モデルが必要となることは想定外であった。しかし、パソコンが急速に普及し始め、ソフトウエア志向が強まる一九八〇年代以降、ＩＢＭは事業の再定義を迫られることになった。これが、一九八〇年代後半から九〇年代初頭にＩＢＭが直面した危機の背景であった。

ＧＭの場合、ＩＢＭよりもさらに成功した事業の定義をもっていた。この会社は、一九二〇年代から六〇年間というもの、まったく大きな障害というものにぶつかったことがなかった。

一九二〇年代のはじめから、ＧＭは、米国自動車市場とは価値観において同質のものであり、安定した所得階層によって区別されるものであるという前提に立っていた。社内ではこのような前提で、市場シェアを最大にし、最大の利益をあげうるように生産体制が組織されていた。したがってＧＭでは、各モデル・イアーにおける変更を最小限にし、大量生産の車をできるだけ長く持ちこたえて、一台あたりの固定費を最小にすることが目指された。ＧＭの経営陣は、このような前提にもとづいて、独立性の高い事業部制の組織構造を作り上げ、それぞれの事業部が一つの所得階層に狙いを定めるようにした。そして、それぞれの事業部は、そのなかで最高の車の価格が、一つ上位の事業部の最低の車の価格と重なるような仕組みを考えた。

六〇年間、この事業部制の仕組みは魔法のようにうまく働いた。しかし、一九七〇年代の終わりころから、この仕組みの前提がうまく機能しなくなってきた。

ドラッカーはのべている。

「七〇年代の終わりになって、市場と生産についてのこの前提が有効性を失った。市場は、移り気なライフスタイルによって区分されるようになった。所得は、自動車の購入にとって唯一の決定要因ではなくなり、いくつかの要因の一つにすぎなくなった。さらにリーン生産が規模のメリットをなくした。モデル・チェンジや多様化にコストがかからなくなり、同一モデルの継続生産よりも利益をもたらすようになった。

GMは、これらのことを頭では理解していた。しかし、心底では信じていなかった。そこで、つぎはぎの対策を取った。各事業部は、より広い所得層に合う車を市場に投入した。……一般に考えられているのとは逆に、GMは、膨大なエネルギーと勤勉さと共に、時間と金を投入したのである。だがそれらの対策は、ユーザー、ディーラー、社員、経営陣自体を混乱させただけだった。しかもその間、成長市場を無視してしまった。リーダーシップを握りえた市場、ほとんど無敵でありえた軽トラックとミニバンの市場を無視したのである。」〔Drucker（1994）：邦訳、五五四～五五五ページ〕

こうしてGMは、六〇年間続いた成功のゆえに、その背景にすすみ始めていた市場の変動に対して対応力を発揮できなくなっていた。

これに対してドラッカーは、再度厳しい目を向けた。しかしドラッカーの警告が常にそうであるように、現状に対する深く厳しい言葉と同時に、そこからの脱却についてのきわめて具体的な処方策を提示していた。一九九四年の「企業永続の理論」などは、「事業の再定義」の一般理論の形をとっているが、同時にそれは、そこで事例として取り上げられているIBMやGMの一九九〇年代初頭の窮状に対する、いわば温かいアドバイスであったと読み取れる。

(4) ドラッカーとスローン

ドラッカーの期待に反して、スローンもGM経営陣も、『企業とは何か』を評価せず、無視した。スローン自身、自分のいる席で、ドラッカーの著作のことを話題にすることさえ許さなかったという。

しかし、著作への評価、扱いとは別に、ドラッカーとスローンの個人的な関係は、その後むしろ緊密になった。

『企業とは何か』に対するスローンとGMサイドの態度は変わらなかったが、「実のところ、これをきっかけに個人的にスローンと長い付き合いを始めることになる。彼は一九五〇年代半ばに会長職を辞めるころから、年に数回は私をニューヨークの自宅に招き、ランチを食べながら話をするようになった」〔Drucker (2005):邦訳、一一三〜一一四ページ〕、とドラッカーは回想している。そしてその際、最も好んで取り上げる話題が、彼自身が執筆し、刊行することになる『GMとともに』のことであったという。

推測の域を出るものではないが、スローンのドラッカーに対する気持ちは二面的であったのであろう。一面では、天下のGMを創り上げてきた実践経営者として、GMを題材として評論的に大企業体制論、マネジメント論を展開した『企業とは何か』はどうしても認められなかった。しかし、このまま推移すれば、ドラッカーのこの著作がGMマネジメント論の決定版になり、実践経営者スローンの存在はそのなかに埋没してしまう。それは許せない。それならば、なんとしても実践経営者スローン自身のGMマネジメント論を書き残さなければならない。これが、晩年スローンに、『GMとともに』を書かせたエネルギーであったのではないか。

しかしスローンは、経営学者、社会評論家としてのドラッカーのセンスと力量を高く評価し、尊敬していた。したがって、『企業とは何か』は無視し続けつつも、自著『GMとともに』を完成させるために、ドラッカーの意見にはいつも謙虚に耳を傾けようとしていたのではないか。

他方、ドラッカーは、一方では『企業とは何か』がスローンとGM経営陣から無視されたことを悔やみつつも、スローン自身に対しては、終始、その人柄に対する親しみと、稀代の経営者としての力量と実績に畏敬の念を絶やさなかったように思われる。

ドラッカーは、スローン没後（一九六六年没）、『企業とは何か』の一九八三年版エピローグ、『GMとともに』に寄せた序文、さらに回想記のなかで〔Drucker（1979）, Drucker（2005）など〕、たびたび『企業とは何か』をめぐるスローンとの関係に触れている。それらに一貫しているのは、前記のようなスローンへの真摯な尊敬の気持ちである。

『GMとともに』一九九〇年版の序文のなかで、ドラッカーがつぎのようにのべているのが印象的である。

「ぜひ述べておきたいのは、スローンが温かい人柄の持ち主で、金銭だけでなく時間をも惜しみなく周囲に分け与えたということである。」〔Drucker（1990）：邦訳、iiiページ〕

『企業とは何か』は、一九五四年『現代の経営』、一九六四年『創造する経営者』、一九六六年『経営者の条件』、そして一九七四年『マネジメント』へと続く一連の著作を通して、ドラッカーを「マネジメントの発明者」「マネジメント学の祖」といわしめるようになった原点の書であった。スローンとGMがこの著作を無視し続けたとしても、ドラッカーは、この著作を書くきっかけを与えてくれたスローンに対する恩義を終生忘れることがなかったのであろう。

5　GMはなぜ企業改革を断行できなかったのか

（1）　一九九〇年代はじめの危機で企業改革をできなかったGM——GE、IBMとの対比

ドラッカーのスローンとGMへの思いは、ドラッカーのGMへの警告のなかにも表れているように思える。それは、GMに対する温かいアドバイスとも読める。

しかしGMは、ドラッカーの著作を無視し、そこでドラッカーが示した警告（提言）を無視した。しかもGMは、ドラッカーの提言に見合う根本的な経営改革、組織革新を行うことなく今日に至った。

ＧＭにとって、これまでに最大の改革のチャンスは、ドラッカーが前記「企業永続の理論」を著す直前、米国企業史上でも稀にみる赤字を記録した一九九〇年代初頭の時点であった。

この時点の経営の落ち込みはマクロ経済レベルでの不振も背景にしており、程度の差はあったが、ＧＭだけのことではなかった。同じく米国を代表する企業ということでは、ドラッカーがＧＭと並んで取り上げているＩＢＭも類似の不振に落ち込んでいた。また、ＧＭやＩＢＭのような大きな経営の落込みは見られなかったが、ＧＥもマクロ経済の不振を背景に経営落込みの危機感を共有していた。

このような状況のなかで、経営改革、組織革新の点で、各社はそれぞれ独自の行き方を選択した。

当時ジャック・Ｆ・ウェルチが会長として主導していたＧＥは、すでに一九八〇年代後半から、経営改革の軸足を一九八〇年代前半での事業構造改革から組織革新に移していた。これによって、ウェルチは、前段の事業構造改革とあわせて、景気変動に収益性を左右されない強靭な企業体質を築こうとした。そして、それを実際に実現した（この点について具体的には、本書第3章でふれる）。

他方、ＩＢＭの方は、一九九〇年代に入ってＧＭと類似の急激な経営の落込みに直面した。このときＩＢＭは、一九九三年、株主サイドの主導で、会長・ＣＥＯの交代を図り、しかもこれを社外からのスカウトによって断行した。スカウトされたのは、当時ＲＪＲナビスコの現役会長・ＣＥＯであったルイス・Ｖ・ガースナーであった。ガースナーは就任と同時に大胆な改革に取り組み、一九五〇年代以来続いたコンピュータ・ハードウエア企業としてのＩＢＭの体質を大胆に転換し、新たなソリューション・サービス企業として再構築した。これによって、経営を急速に回復させ、IBMをふたたび米国を代表する企業として再浮上させることに成功した。このガースナーの改革は、まさにドラッカーが一九九四年の「企業永続の理論」で提起した「事業の再定義」による難局突破を文字通り実践したといってもいいものであった〔この点については、Gerstner (2002)、坂本和一 (2007)、を参照。〕

これに対して、この時期、最も深刻な経営不振に落ち込んだGMの方は、一九九〇年小型車戦略として新車種「サターン」を発表し、この危機を乗り切ろうとした。しかし、押し寄せる日本メーカーの小型車戦略の前に、本来得意としない小型車部門での競争はそれほど大きな効果を上げるものではなかった。

しかしこの他には、GMはGEやIBMのような決定的な経営改革を打ち出すことはなかった。GMは採算上の落ち込みを、その都度、従業員のリストラや工場閉鎖といった弥縫策で切り抜けるのを常とした。その結果、二〇〇〇年代を迎えると、ふたたびGMは深刻な経営不振に直面することになったのである。

(2) なぜGMは企業改革を断行できないのか——スローンの呪縛

しかし、GMは再三経営深刻な経営危機に直面しながら、なぜ決定的な改革を断行できないのか。もとより、弥縫策といわれようと、難局に直面しても、従業員のリストラや工場閉鎖によって、結果的には経営を維持できたということであり、これが八〇年間にわたる米国ナンバー１企業の蓄積であり実力であるということなのかもしれない。

しかし、この間にＧＭの現代企業としての実力は、その社会的信頼度も含めて、確実に劣化してきている。これが誰もが認めるＧＭの実状であろう。

確かに二〇〇〇年代におけるこの度の難局も、ＧＭはまたこれまでと同じような経営手法で一時的には切り抜けるかもしれない。

しかし、自動車市場のグローバル化、環境・資源エネルギー問題と人々の自動車に対する価値観の急速な変容のなかで、だれの目にも今日のＧＭの経営スタンスは、時代遅れになっている。これまで栄光の米国ナンバー１企業ＧＭが、自動車生産台数で日本のトヨタに抜かれるところにきたということは、まさにそのような事態を象徴するものである。

事ここに至っても、ＧＭが、かつて一〇数年まえにＩＢＭが見せたような決定的な経営改革を打ち出せないのはなぜなのだろうか。

私なりに結論的にいえば、ＧＭはいまだに八〇年前、一九二〇年代にかのスローンが築いた経営システムと、一九六三年に著書『ＧＭとともに』に結晶させたスローンのマネジメント哲学の呪縛から解き放たれていないのではないか、ということである。

スローンは完璧な経営システムとマネジメント哲学を求めた。そして、その成果を著書『ＧＭとともに』に残した。ただ、スローン自身は、「読者の皆さんに、私が『組織はすでに完成している』

と考えているとの印象を与えてしまっていなければいいのだが」というコメントを残して、同書を締めくくった。

しかし、スローンが残した経営システムとマネジメント哲学は、スローンを受け継いだGM首脳陣に重くのしかかったのではないか。かれらは歴代、完璧を目指したスローンが残した経営システムとマネジメント哲学の、「完璧」の呪縛から容易に逃れられなかったのではないかと推測する。スローンの構築した経営システムとマネジメント哲学を超えることは容易なことではなかった。しかし、今日GMが直面している事態は、果敢にこのスローン・モデルを超克する必要をGM首脳陣に迫っている。

その際、GM首脳陣は、今改めて、一九四六年の『企業とは何か』に始まる一連の「ドラッカーの警告」を真摯に吸収する必要があるだろう。

ドラッカーはのべている。

「事業の定義のなかには、長く生き続ける強力なものがある。だが、人間がつくるものに永遠のものはない。特に今日では、永続しうるものさえほとんどない。事業の定義も、やがては陳腐化し、実効性を失う。

二〇年代に創立され、その後繁栄してきた大会社のそれぞれが基盤としてきた事業の定義に今日生じているものが、この陳腐化である。」〔Drucker（1994）：邦訳、五五八ページ〕

※　本章は、ドラッカー学会ホームページのデジタル・ジャーナル『文明とマネジメント』に掲載された同名論文に加筆修正を加えたものである。

【参考文献】

Drucker, P. F.(1946), *Concept of the Corporation*：上田惇生訳『企業とは何か』ダイヤモンド社、二〇〇八年

Drucker, P. F.(1979), *Adventures of A Bystander*：上田惇生訳『ドラッカー・わが軌跡――知の巨人の秘められた交流』ダイヤモンド社、二〇〇六年

Drucker, P. F.(1990), Why My Years with General Motors Is Must Reading, *MyYears with General Motors* by Sloan, A. P. Jr.(1990ed.)：有賀裕子訳『GMとともに（新訳）』ダイヤモンド社、二〇〇三年、所収「永遠の名著『GMとともに』」

Drucker, P. F.(1994), The Theory of The Business, *Harvard Business Review*, Sept–Oct.1994：DIAMONDハーバード・ビジネス・レビュー編集部編訳『P・F・ドラッカー経営論』ダイヤモンド社、二〇〇六年、第二九章「企業永続の理論」

Drucker, P. F.(2005), *My Personal History*：牧野洋訳『ドラッカー・二〇世紀を生きて――私の履歴書』日本経済新聞社、二〇〇五年

Chandler, A, D, Jr.(1962), *Strategy and Structure*：有賀裕子訳『組織は戦略に従う』ダイヤモンド社、二〇〇四年

Gerstner, L. V.(2002), *Who Says Elephants Can't Dance?—Inside IBM's Historic Turnaround*：山岡洋一・高遠裕子訳『巨象も踊る』日本経済新聞社、二〇〇二年

Johnson, Th. H. and Broems, A.(2000), Profit Beyond Measure：河田信訳『トヨタはなぜ強いのか――自然生命シス

テム経営の真髄』日本経済新聞社、二〇〇二年

Loomis, C. J. (2006), The Tragedy of General Motors, *Fortune*, Feb.27, 2006

Maynard, M. (2003), *The End of Detroit*：鬼澤忍訳『トヨタがＧＭを越える日——なぜアメリカ自動車産業は没落したのか』早川書房、二〇〇四年

坂本和一（2007）『大学のイノベーション——経営学と企業改革から学んだこと』東信堂

Sloan, A. P. Jr.（1963）, *My Years with General Motors*：有賀裕子訳『ＧＭとともに（新訳）』ダイヤモンド社、二〇〇三年

下川浩一（1977）『米国自動車産業経営史研究』東洋経済新報社

Wright, J. P. (1979), *On A Clear Day You Can See General Motors*：風間禎三郎訳『晴れた日にはＧＭが見える——世界最大企業の内幕』ダイヤモンド社、一九八〇年

山崎清（1969）『ＧＭ——ゼネラル・モーターズ巨大企業の経営戦略』中公新書

第3章　GEとドラッカー

——GEの経営改革に果たしたドラッカーの役割と、ドラッカーが得たもの——

1950年代 GE リーダー、5代目社長ラルフ・J・コーディナー

「もしまだ手がけていなかったとして、今日、あなたはその事業を始めるか。」

「もし答えがＮＯであるのならば、あなたはどうするのか。」

——ドラッカーのジャック・Ｆ・ウェルチへの問いかけ。

——Cohen, W. A. (2008), *A Class with Drucker–the Lost Lessons of the World's Greatest Management Teacher*, p.53.

はじめに

GEの歴史は、一八七九年、周知のエジソンの白熱電灯システムを企業化するために設立されたエジソン・エレクトリック・ライト社に始まる。同社から発展したエジソン・ゼネラル・エレクトリック社が、一八九二年に、業界の宿敵トムソン＝ハウストン・エレクトリック社との大合同を果たして成立したのが、今日のGEである。

以来一三〇年近く、GEは一貫して米国を代表する大企業として、したがってまた世界の大企業として、その地位を保ってきた。第二次世界大戦前には、総資産額を指標とした全米鉱工業企業ランキングで、その位置を一九〇九年の一六位から一九四八年には九位に上げた。また戦後は、『フォーチュン』誌の全米企業ランキング（売上高基準）で今日までほぼ一貫して一〇位以内の地位を確保し続けている。

『ビジネス・ウィーク』誌が毎年定期的に発表している世界企業の株式時価総額ランキングでも、GEはこの一〇数年来、トップ・グループの常連である。これはいうまでもなく、GEがこの間、世界で最も市場価値の高い企業としての評価を社会から受けていることの証左である。

このGEの一三〇年近い歴史を振り返って、とくに注目されることは、GEという一つの会社の歴史が、まさに二〇世紀における企業改革、とくに組織改革の歴史を体現していることである。

機能部門別組織、事業部制組織、戦略的事業単位組織（SBU組織）など、二〇世紀を代表する組織改革を最も精緻かつスマートに推進し、後続の企業に改革のモデルを提供してきたのは、GEであった。とくに、事業部制組織とSBU組織の社会的普及については、GEは先導的な役割を果たした。GEが二〇世紀における「企業組織改革のアカデミー」であるといわれてきた所以である。

GEが組織改革においてこのような役割を果たすうえで、大きな役割を果たしてきたのは、実はかのP・F・ドラッカーであった。

（1）もともとGEが、戦後、事業部制組織を活用するようになったきっかけは、ドラッカーがGMの内部調査にもとづいて一九四六年に著した『企業とは何か』であった。同書は、肝心のGMには受け入れられなかったが、フォードやGEには積極的に受け入れられ、企業改革に活用された。とくにGEはそこから、のちに国内外の多くの企業が取り入れる事業部制組織のモデルを構築した。ドラッカーはチャールズ・E・ウィルソンに代わってラルフ・J・コーディナーが第五代社長に就任した一九五〇年、実際にGEの経営コンサルタントに就任し、具体的にこれに大きな貢献を果たしている。

ドラッカーをGEに呼び寄せたのは、当時GEの副社長を務めており、事業部制導入など組織改革のプロジェクトを統括していたハロルド・F・スミディであった。スミディ自身、一九四〇年代末、経営コンサルタント会社ブーズ・アレン・アンド・ハミルトンからスカウトされてGEに入社した人物であり、ドラッカーとはブーズ・アレン・アンド・ハミルトン時代からの友人であった。

ドラッカーは後に自伝で、ＧＥでのスミディとの共同作業をたいへん意義深いものであったと振り返っている。実際にそれは、ドラッカーのＧＥの組織改革への貢献と同時に、ドラッカーが「マネジメントの発明者」として社会的にその地位を確立して行く上で、絶大な意義を持つものであった。

（２）一九八〇年代になると、ジャック・Ｆ・ウェルチがＧＥの会長に就任し、改めて積極的な企業改革を展開し、二〇〇〇年代初頭に引退するまでの二〇年間にわたり「ウェルチ革命」の時代を築いた。

一九八一年、会長に就任したウェルチに請われて、ドラッカーは再びＧＥの経営コンサルタントに就任した。のちに紹介するウェルチの事業戦略の考え方、市場シェアがナンバー１かナンバー２でないような事業からは撤退せよという、いわゆる「ナンバー１・ナンバー２戦略」はドラッカーの指南によるとされる。

このようなこともあり、ドラッカーはＧＥ、具体的にはウェルチに、個別ＧＥの企業改革の次元を超えた、組織改革の歴史における新しい展開を期待したように思われる。

ＧＥではウェルチの企業改革推進の真っ只中の一九八八年、ドラッカーは「情報が組織を変える」と題された論文を『ハーバード・ビジネス・レビュー』誌に発表した（一・二月号）。

時あたかも、ウェルチの改革が事業構造改革から、さらに組織改革の段階にすすもうとしていた。この論文は、ドラッカーが新しい情報化時代における企業組織のあり方を鮮明な印象で世に問うたものであるが、一般には、現実からかなり遠い抽象的な組織モデルを提示したものとして受け止められたようである。しかし、この論文は、具体的に、ドラッカーのGE・ウェルチの組織改革に対する期待が強く込められていたように思われる。

その後、ウェルチの組織改革はさらに一〇数年にわたって展開する。果たしてウェルチの改革は、このようなドラッカーの組織改革への期待に応え得たのであろうか。また、どのように応えたのであろうか。

こうして、ドラッカーは、戦後GEの組織改革に、時期によって濃淡はあるが、一貫して具体的な関わりや関心を持ってきたとみられる。

本章の関心は、戦後GEの組織改革にドラッカーが具体的にどのような関わりと関心を持ったのか、またそこからドラッカー自身がどのような成果を汲み出したのかという点である。

焦点はとくに、①一九五〇年代、会長コーディナーと副社長スミディがすすめた事業部制組織の確立と、②会長ウェルチが一九八〇年代、九〇年代にすすめた組織改革である。

1　組織改革史におけるGEの貢献

はじめに、本章の関心の背景であるGEの組織改革と、それが企業の組織改革史において果たした役割について、改めてまとめておく。

ＧＥといえば、その歴史から「総合電機機器メーカー」のイメージが今でも強く残っている。しかし、ＧＥの事業実態は、伝統的な電機メーカーの枠をはるかに超えたものとなっている。今日のＧＥは、伝統的な電機製造部門も事業の一翼ではあるが、製造部門でも航空機エンジン、医療システム、高機能プラスチックなどの先端技術部門に重点が移っており、さらに製造部門から、金融サービス、情報サービス、放送などのサービス部門に事業の重点を大きくシフトしている。総売上高の四〇％、営業利益の三分の一を金融サービス部門が占めるという状況からすれば、今日のＧＥは単純な「メーカー」の域をはるかに超え、むしろ「製造・サービス総合企業」、さらに言えば「先端製造・サービス総合企業」であるといわなければならない。

このような事業構造の展開の端緒は一九六〇年代から始まり、一九八〇年代以降、ウェルチの時代に入って大きく展開した。

しかしＧＥの二〇世紀の歴史は、その多角的な事業展開の目覚しさと同時に、二〇世紀における企業組織改革の歴史であり、それはいわば「企業組織改革のアカデミー」の役割を果たしてきた歴史でもあった。

①　一九世紀末に、ＧＥの成立に伴って形成された組織は、化学会社デュポンのそれと並んで、二〇世紀の垂直的統合企業を管理する組織としての典型的な機能部門別組織であった。

②　一九五一～五三年の間に第五代社長ラルフ・Ｊ・コーディナーによって確立されたＧＥの精緻な事業部制組織は、このタイプの組織の最も典型的なあり様を示すものとして、この組織形態の

世界的な普及にモデル的な役割を果たした。GEがこのように事業部制組織のモデルを構築するうえで大きな影響を及ぼしたのは、ドラッカーが一九四六年、事業部制組織の先駆企業GMの精緻な内部調査を踏まえて刊行した『企業とは何か』であった。実際にこの時期、ドラッカーはGEのコンサルタントを務めていたことは、すでに紹介したとおりである。

③　一九六〇年後半から、GEは、連続して取り組んだ当時の三つの最先端技術革新事業（原子力、コンピュータ、航空機ターボエンジン）の反動として「利益なき成長」の状況に陥った。これを克服するために会長レジナルド・H・ジョーンズがボストン・コンサルティング・グループと提携して開発したプロダクト・ポートフォリオ・マネジメント（PPM）の手法と戦略的事業単位組織（SBU組織）は、当時、石油ショックを契機に収益性の低下に直面していた世界の多くの企業に、経営組織再編成の格好のモデルとして拡がった。

④　一九八〇年代に入って、ジョーンズ会長の後継者、ウェルチ会長の手にGE経営のリーダーシップが委ねられることになった。ウェルチの手ですすめられることになった起業家精神重視、行動様式重視の組織改革は、情報革新や国際化、グローバル化のなかで、長期的な視点からの事業展開や市場開拓を求めて、分析手法重視、機構重視型の経営組織からの脱却を模索していた世界の企業に、新しいタイプの組織改革のモデルを提供した。

⑤　さらに一九九〇年代以降、「スピード、簡潔、自信」をうたい文句に、ウェルチが取り組んだ組織風土の改革は、ドラッカーが提起した二一世紀型企業組織への具体的アプローチとして注目

されることとなった。

こうして、GEがその創設以来その都度、その都度すすめてきた組織改革は、二〇世紀はじめから今日まで、企業組織改革の先端を切るものであった。したがってそれは、企業組織改革の歴史における、GEの輝かしい貢献であった。そしてこれがまた、一時期「利益なき成長」のような事態に悩まされることもあったが、二〇世紀をとおして、一貫してその時代、その時代の先端企業としての位置を確保し続けてきている組織的背景でもあった。

私自身、このようなGEの組織改革史に強い関心をもった。その研究成果の一端は、拙著『GEの組織革新』（法律文化社、一九八七年。新版一九九七年）として刊行された（一九八七年初版では上記①～④の改革を対象とし、一九九七年新版では⑤を追加している）。

2　一九五〇年代のGEにおける組織改革とドラッカー

すでに触れたように、ドラッカーは一九五〇年、請われてGEの経営コンサルタントに就任し、新社長コーディナーが主導するGEの組織改革に大きな貢献を果たした。また、この時期のGEの組織改革への関わりは、ドラッカー自身の経営学者としての確立にとってかけがえのない成果をもたらした。

しかし、このドラッカーのGE組織改革への関わりと成果については、彼が経営コンサルタント

1950年代 GE の組織改革の立役者
ハロルド・F・スミディ〔GE, *Annual Report*, 1951より〕

に就任したことはよく知られているが、その具体的内容はこれまであまり語られ、評価されることはなかった。

ここではこのことに、もう少し立ち入ってみよう。

（1）『GEにおける専門的経営管理（*Professional Management in General Electric*）』全四巻の編集（一九五三〜一九五九年）

一九五〇年、コーディナーの会長就任とともに始まった、事業部制組織の確立を軸とするGEの組織改革は、実際には、副社長スミディとドラッカーの共同作業で推進された。この作業を象徴するのは、GEの組織改革の理念と原則を全社管理者に徹底するために使用されたテキストの編集と、それを使った管理者研修プログラムの実施であった。

GE組織改革の理念と原則の体系化は、『GEにおける専門的経営管理（*Professional Management in General Electric*）』と題された、全四巻のテキストとして実現した。これらのテキストは、その表紙の色合いから、社内では通称『ブルー・ブックス』と呼ばれたという。

『GEにおける専門的経営管理』は、一九五三年と五五年の間に第三巻までが完成した。第四巻は、遅れて一九五九年に刊行された。それらの構成は、つぎのようであった。

第一巻　「ＧＥの成長」全一〇六ページ・・・一九五三年
第二巻　「ＧＥの組織構造」全三一五ページ・・・一九五五年
第三巻　「専門経営管理者の仕事」全二四八ページ・・・一九五四年
第四巻　「専門個別貢献者の仕事」全二九三ページ・・・一九五九年

（このシリーズは、必ずしも順序よく刊行されたわけではない。なお、以上四巻に加えて、第五巻「ＧＭにおける専門的な仕事」が執筆され、一九六〇年に見本が印刷された。しかし間もなくスミディが退職したため、完成出版にまで至らなかった。）

これら四巻から成る『ＧＥにおける専門的経営管理』は合わせて一〇〇〇ページに及ぶ大部なものである。

しかし、なんといってもその白眉は、第三巻「専門経営管理者の仕事」の部分であろう。第一巻でＧＥの創設以来の成長史が総括され、第二巻で、一九五〇年、コーディナーの主導で確立されることになったＧＥの事業部制組織の構造が細密に紹介されたあと、第三巻では、ＧＥのような大企業の分権化された組織構造での経営管理がどのように遂行されなければならないかが、計画化(plan)、組織化（organize）、統合化（integrate）、成果計測（measure）といった四つの経営管理のキーコンセプト（ＰＯＩＭと呼ばれた）にもとづいて、二五〇ページにわたって説明されている。

ここで注目されることとは、マネジメント論としてのそのエッセンスがドラッカーの最初の本格的経営書で彼の数ある著作のなかでも最も代表的な著作とされる『現代の経営』（一九五四年刊行）と、そのエッセンスにおいて大きく重なっていることである。

しかし、これは当然のことである。当時、ドラッカーはGEの経営コンサルタントとして、スミディとともにGE組織改革のための、前記のテキスト編集に取り組むと共に、自らの最初の本格的なマネジメント書を書き上げつつあった。そして一九五四年には、これら両方が併せて公にされることになったのである。

ドラッカー『現代の経営』(1954年)原著

ただ、『GEにおける専門的経営管理』の方は、GEの社内管理者研修用のテキストであったため、一般に流布したものではない。日本でも、当時GEの組織改革、事業部制導入に関心をもった特定の専門家や企業を除けば、それほど知られることはなかった。しかし同書は、戦後、企業のマネジメント学形成の歴史において、ドラッカーの『現代の経営』とそれに引き続く一連の著作と並んで、重要な役割を果たしたことは、十分指摘に値するであろう〔Genaral Electric Co.(1954), Greenwood(1982):邦訳、第一一章、Rothschild(2007), Ch.7 などを参照〕。

(2) クロトンビル経営管理研修所(Crotonville Management Training Center)**開設**

GEは、一九五六年、ニューヨーク州ハドソン河下流河岸のクロトンビルで、『ブルー・ブックス』にもとづく経営管理者研修を開始した。

それまで米国では、経営幹部のトレーニングを行う機関は、ハーバード、ペンシルヴァニア（ウォートン）、コーネルなど著名大学のビジネス・スクールに限られており、企業内で本格的な経営幹部の養成に取り組むのは、このＧＥのクロトンビル経営管理研修所がはじめてであった。

今日、クロトンビルのＧＥリーダーシップ開発研究所は前会長ウェルチの名とともに世界最高の経営幹部養成機関として著名であるが（実際に、この研究所にはウェルチの名が冠せられている（J.F.Welch Readership Development Institute）、このＧＥの研究所は、こうして誕生したのである。

このクロトンビル経営管理研修所もスミディの考案によるものであった。大学のビジネス・スクールと異なる、この研修所での訓練プログラムの大きな強みの一つは、著名な経営幹部や学者の講演と、これをめぐっての熱心な参加者と講演者との間の討議を重視し、ケース・スタディの使用を最小限にとどめたことであった。

ちなみに、一九五六年第一回目の訓練コースでの著名な講師のリストを見てみると、表３―１のようである。これによってわかるように、クロトンビルでの経営管理者研修に登場した講師陣は、ＧＥ内部からは当時のトップ経営陣が顔を揃え、また外部からは当時社会的に経営管理学界、経営コンサルタント界をリードする超一流の講師陣が参加していた。ここで講演日数を見てみると、このなかで断然群を抜いていたのは、社内では副社長スミディであり、外部講師ではドラッカーであった。

こうして、このクロトンビル経営管理研修所での実際の経営幹部研修活動でも、ドラッカーはGEに大きな貢献を果たしていたことがわかる。〔Greenwood（1982）：邦訳、第二章、Rothschild（2007），Ch. 7 などを参照。〕

（3） ドラッカー『現代の経営（*The Practice of Management*）』の刊行

経営コンサルタントとしてのGEの組織改革への関わりは、ドラッカー自身が社会的評価を固めるうえでかけがえのない成果をもたらすことになった。ドラッカーはこのGEでの仕事の中で、その後ドラッカー・マネジメント学展開の基軸コンセプトとなり、ドラッカーをして「マネジメントの発明者」として世に名を成さしめることになった、かの「顧客の創造」という「企業の目的」の定義を開発することになったからである。今日に至るまで、このドラッカーの提示した「企業の目的」の定義は、企業活動の意義を語るとき、広く人口に膾炙している。

経済学で一般にいわれる「企業の目的とは利益を生み出すことである」とする考え方を見当違いと断じ、「顧客の創造」こそ企業の目的としたドラッカーの定義は、今日に至っても企業論、組織論の世界で燦然と輝いている。

またドラッカーは、この時期、GEでのスミディとの共同作業のなかで、マネジメントの基幹コンセプトである自己統制による「目標管理」という考えに到達し、「目標管理」コンセプトの開発者といわれるようになった。

表3-1　GE第1回上級経営管理者研修コースの著名講師（1956年）

（GE内部の講師）	（講演日数）
ラルフ・コーディナー（社長）	1日間
ハロルド・スミディ（副社長）	6日間
ガイ・スーツ（副社長）	1日間
フィリップ・リード（会長）	1日間
ロバート・パクストン（上級副社長。後に社長）	2日間
ジェラルド・スウォープ（元社長）	1日間
レミュエル・ボールウェア（副社長）	3日間
フレッド・ボーチ（副社長。後に社長→会長）	1日間
メル・フルニー（OR担当マネージャー）	2日間
ジェラルド・フィリップ（元会長）	1日間
（外部講師）	
ピーター・ドラッカー（コンサルタント、ニューヨーク大学）	6日間
ローレンス・アプレイ（アメリカ経営者協会会長）	1日間
リリアン・ギルブレス（コンサルタント）	1日間
イール・ブロックス（コーネル大学）	1日間
ウイリアム・ニューマン（コロンビア大学）	1日間
フランク・ギルモア（コーネル大学）	4日間
エドウィン・シェル（MIT）	1日間
ノーマン・マイヤー（ミシガン大学）	1日間
クリス・アージリス（エール大学）	1日間
アーウィング・ライリー（マッキンゼー社）	1日間
A・M・リデレー（CIPM）	1日間

〔出所〕Greenwood（1982）：邦訳（増補2版訳）、242ページ

これらの定義やコンセプトの新鮮さに気づいたスミディは、ドラッカーに、これらを基軸とするマネジメントの書の執筆をすすめた。ドラッカーは、一九五四年、GEなどでの経営コンサルタントの仕事を基礎に、名著『現代の経営』を刊行した。

同書は、書いている。

「企業とは何かを理解するには、企業の目的から考えなければならない。企業の目的は、それぞれの企業の外にある。事実、

企業は社会の機関であり、その目的は社会にある。企業の目的として有効な定義はただ一つしかない。すなわち、顧客の創造である。」〔Drucker（1954）：邦訳（上）、四六ページ〕

「目標管理の利点は、自らの仕事を自ら管理することにある。その結果、最善を尽くすための動機がもたらされる。高い視点と広い視野がもたらされる。目標管理は、マネジメント全体の方向づけや仕事の一体性のためには不要としても、自己管理によるマネジメントのためには不可欠である。」「目標管理の最大の利点は、支配によるマネジメントを自己管理によるマネジメントに代えることである。」〔Drucker（1954）：邦訳（上）、一七九～一八〇ページ〕

ドラッカー自身、数ある著作の中で、『現代の経営』を金字塔と位置付けている。確かに、この著作によって、ドラッカーは「マネジメントの発明者」と言われるようになったのである〔Drucker（2005）：邦訳、第二三章を参照〕。

（4）コーディナー『これからの経営者（*New Frontiers for Professional Managers*）**』の刊行**

会長コーディナーは、副社長スミディと経営コンサルタント、ドラッカーの協力を得て、一九五〇年代半ばにかけて、前記のような組織改革を積極的に展開したが、自ら一九五六年、著書『これからの経営者（*New Frontiers for Professional Managers*）』を著わして、この間のＧＥの組織改革の理念と原則を社会的に表明した。

それは、コーディナーがマッキンゼー財団記念講演会の講師として招かれ、一九五六年四月から五月の間コロンビア大学事業経営学部で行った三回の講演の内容をまとめたものである。内容は、①「新しい企業の性格」、②「分権制——新しい経営の理念」、③「将来への展望」という三つの章から成っている。

第一章では、「イノベーションの源泉」としての役割、「大量生産と大量供給の源泉」としての役割、「高度の技術力の源泉」としての役割、という三つの役割を挙げ、GEのような大企業が今日米国経済の発展と社会の繁栄のために不可欠の存在となっており、将来ますますその役割は大きくなるであろうと論じている。

第二章では、今日経済的・社会的に重要な役割を担うGEのような大企業が、経営管理上重大な欠陥を抱えていることが指摘されてきているが、GEは、これを克服するために、「分権制」(事業部制) を実施することにした。これによって、①組織規模の拡大と内容の複雑化に伴う経営活動の非効率化、②経営管理者と一般従業員との間の人間的接触の希薄化と、将来の経営管理者養成の停滞、という大企業の直面する二つの組織的欠陥を是正できるであろうと論じている。

第三章では、将来大企業の経営管理者が直面せざるを得ない課題として、①国民的視野に立つ企業の長期計画、②合理的経営管理のための情報管理、③人間的資源の効果的活用のための、人間の動機についての正しい認識を基礎にした人間管理、といった三つの課題を挙げ、それぞれについての現実的な解決方策を提起している。

すでにあきらかなように、このコーディナーの講演 (著作) は、それまで自身が副社長スミディとドラッカーの協力を得て強力に推進してきたGE組織改革の理念と原則の普遍的意義を簡潔、明快に世に示したものであった。それは、ドラッカーの『現代の経営』と併せて、一九五〇年代、マネジメント学の確立を象徴する、記念碑的作品であったと位置づけられるであろう〔Cordiner（1956）：邦訳、を参照〕。

（5） コーディナー『これからの経営者』とスローン『GMとともに』

コーディナーの『これからの経営者』に関わって、同時代の著名経営者の著書として想起されるのは、GMの最高経営者スローンの『GMとともに』（一九六三年）である（本書第2章参照）。

GMとGEは、二〇世紀をとおして、米国はもとより、世界を代表する企業であったし、それは今日においても変わらない。この二つの大企業がその社会的存在の大きさを固めたのは第二次世界大戦中から戦後、一九五〇年代のことであったが、この時期、両企業を率いたのはGMのスローンとGEのコーディナーであった。

もとより、戦後、世界の企業のなかで一般的なものとなった事業部制（分権制）を最初に開発したのは一九二〇年代、GMのスローンであり、一九五〇年代にこれを普遍性ある現代の企業組織のモデルとして磨き上げたのは、コーディナーによるGEの組織改革であった。そして、これら両巨頭がそれぞれ自らの組織改革の理念と原則を世に残したのが、前記の著書、『GMとともに』と『これからの経営者』である。

ここで改めて注目されなければならないことは、戦後間もなくから一九五〇年代に、これら二人の米国を代表する経営者の双方と親しい交流をもったのが、ドラッカーであったことである。

ドラッカーとGM、スローンの関係についてはすでに前章でみたとおりである。GMの実態調査にもとづき著され、しかしGMとスローンには受け入れられなかった『企業とは何か』が、実際に受け入れられ、その主旨が生かされたのは、GE・コーディナーの組織改革においてであった。

しかし、今日に至るまで、経営書の名著として評価が高く、多くの人々に愛読されているのは、スローンの『GMとともに』である。これに対して、コーディナーの『これからの経営者』の方は、一二〇ページほどのコンパクトな著作であったこともあり、日本では一九五八年、東洋経済新報社より川村欣也氏の翻訳で紹介されたことがあるが、専門家を除けば多くの人々にはその存在さえあまり知られていない。

ところが、このコーディナーの残した著作は、分権制を基軸とした現代の経営管理のあり方について、新鮮な教訓を残している。それはとくに、①人材の育成、②人間の働く動機、③命令ではなく説得による指導、④組織における均衡と統合と協力関係の達成、⑤業績の正しい評価、などの重要性が強調されているところが際立っている。これらの点は、比べ物にならないほど大部であるが、どちらかといえば一貫して経営システムの構築を強調したように思われるスローンの『GMとともに』とは異なる、大きな特色である。今日、企業組織が直面する課題を考えるとき、このコーディナーの著書は、スローンの著書との対比で、改めて評価してみる価値があると思われる〔Cordiner

(1956)：邦訳、第二章、第三章、を参照}。

3　GEへのドラッカーの新たな期待
——論文「情報が組織を変える」の意味するもの

一九八一年、ウェルチがジョーンズに代わって会長に就任した。彼は期待に違わず積極的な企業改革を展開し、二〇〇〇年代初頭に引退するまでの二〇年間にわたり「ウェルチ革命」の時代を築いた。

ウェルチの会長就任に際して、ドラッカーは請われて、再びGEの経営コンサルタントに就任した。このようなこともあり、ドラッカーはGE、具体的にはウェルチに、個別GEの企業改革の次元を超えた、組織改革の歴史における新しい展開、いわば「断絶の時代」に相応しい組織革新を期待したように思われる。

GEではウェルチの企業改革推進の真っ只中の一九八八年、ドラッカーは「情報が組織を変える」と題された論文を『ハーバード・ビジネス・レビュー』誌（一・二月号。この論文は、当初、「未来型組織の構想」という題で『DIAMOND ハーバード・ビジネス』誌上に紹介された）に発表した。この論文は、もとよりドラッカーが新しい情報化時代における企業組織のあり方を一般的に世に問うたものである。しかし、それまでのドラッカーとGEとの関係、とくにドラッカーとウェルチとの繋がりを念頭に置くと、この論文には、具体的に、ドラッカーのGE・ウェルチの組織改革に対する期待が強く込められていたのではないか、というのが筆者の関心である。

ウェルチの改革については、ウェルチ自身の著作も含めて、すでに多くの紹介と研究が蓄積されてきている。筆者自身もその末席を汚している者のひとりである。しかし、このような観点からウェルチの改革を評価してみるという試みには出会ったことがない。

しかし、かつてウェルチの改革が大きな社会的話題を呼んだ時期、「ドラッカーの考え方を理解すれば、ウェルチの頭のなかを覗くことができる」といわれたこともあり、ドラッカーとウェルチの考え方の親近性は人口に膾炙してきた。

そこで、この点をもう少し掘り下げてみよう。

（1）企業組織進化の第三段階

ドラッカーは論文「情報が組織を変える」で、一九世紀末における近代企業生成以来の組織のこれまでの進化を二つの段階に区分してレビューしながら、今日それは第三の段階を迎えつつあるという考えを示している。

この場合、第一の段階は、一八九五年から一九〇五年の間の一〇年間に起こった進化にもとづくものである。それは、経営が所有から分離され、それまで大企業を所有して経営していた大企業家に代わって、経営管理を独自の職業として担う専門経営管理者が企業経営を担うようになったことである。これによって、企業の経営管理における機能別の指揮命令系統が明確に示された、機能部門別組織が形成されることになった。

第二の段階は、さらに一九二〇年代に始まった。この時期に、当時不振に陥っていたデュポンとGMを、ピエール・S・デュポンとスローンがそれぞれ再構築する作業を行ったが、その際導入された事業部門別の分権化された組織、つまり事業部制組織が企業組織の新しい進化をもたらすことになった。この段階は、GEが一九五〇年代に行った精緻な事業部制組織の導入で最高潮を迎えた。この組織改革は世界各国の多くの大企業に普及して、今日の企業組織の完成されたモデルとなった。そして、このきっかけを作ったのが、精緻な調査にもとづいてGMの事業部制の実態を紹介した、ドラッカーの著作『企業とは何か』(一九四六年)であった。

しかし、いまや、企業組織は第三の進化段階をむかえつつある、とドラッカーはいう。それは、これまでの指揮・統制型組織、機能部門別・事業部門別組織から「情報化組織」へ、そして「専門家組織」への転換であるという。

(2)「情報化組織」とは何か

それでは、この第三段階の組織、「情報化組織」とは一体どのようなものであろうか。ドラッカーは、二〇年後の典型的な大企業の組織の形態について、つぎのような見通しを語っている。

「いまから二〇年後には、大会社では、経営陣の階層は半分以下に、経営管理者の数は三分の一以下になる。組織の構造や、経営陣に関わる問題や関心も変わり、今日の経営学の教科書が教える一九五〇年頃のメーカーとは、似ても似つかぬものとなる。むしろ、病院、大学、オーケストラなど、今日の経営管理者や経営学者が関心を持っていない組織に似たものとなる。なぜならば、これらの組織と同じように、会社も知識を中心とする組織になると共に、個別知識の専門家からなる組織、すなわち顧客や同僚との情報の交換を中心にみずからの仕事の方向づけと位置づけを行う専門家からなる組織になるからである。こうした組織を、私は情報化組織と呼んでいる。」〔Drucker（1988）：邦訳、三八〇ページ〕

このような情報化組織のイメージを、ドラッカーはオーケストラのケースを挙げて説明している。「オーケストラは、さらに多くのヒントを与えてくれる。時には、数百人の音楽家が同時に演奏する。組織理論によれば、楽器のグループごとに、グループ担当副指揮者が必要であり、その下に、楽器ごとの楽器担当副指揮者が必要である。しかし実際は、CEOとしての指揮者が一人いるだけである。演奏家の全員が、中間的な指揮者など抜きに、直接その一人の指揮者に従って演奏する。演奏家たちは、高度の芸術家であり専門家である。」〔Drucker（1988）：邦訳、三八五ページ〕

以上のようなドラッカーのいう情報化組織の特徴をまとめると、まず第一に、それは、マネジメントの階層とマネジャーの数を大幅に削減することになることである。したがって、それはこれまでの組織に比べて、大幅に水平な構造を持ったものとなる。

第二に、それは、これまで馴染んできた指揮・統制型の組織よりも、はるかに多くの専門家が全体として必要とされることである。しかも、このような専門家が企業の本部ではなく、現場組織の中にいるようになるので、事実上、現場組織が多様な専門家の集う組織となる。

第三に、この新しい組織においては、仕事の大半がタスク（課業）の達成に目的をしぼったチームで遂行されるようになることである。ここでは、研究から始まって開発、製造、マーケティングと順次仕事が展開されていく伝統的な手順から、これらのすべての機能部門の専門家がタスクごとに一つのチームを組み、同時並行的に仕事をすすめるやり方に代わっていく。

4　ウェルチ時代、ＧＥはどう変わったか――ウェルチの企業改革

一九八一年から二〇〇一年の二一年間に、ウェルチはＧＥを、縦割りの硬直した組織から、柔軟で、どのような経営環境変化に対しても成長と高収益性を確保できる組織につくり変えた。このことをまず、戦後一九六〇年代以降ＧＥがたどった経営実績の推移の中で確かめてみる（表3―2を参照）。

ＧＥは、一九五〇年代から六〇年代、「利益なき成長」という事態に悩まされた。この時期、ＧＥは当時の花形産業といわれたコンピュータ、原子力、航空機エンジンの三つの事業に参入した。しかし、これらの産業にはそれぞれ、ＩＢＭ、ウスティングハウス、プラット＆ホイットニー（ユナイテッド・テクノロジーズ）というナンバー1企業があって、激しい技術開発競争にさらされ、大

表3-2　GEの経営実績推移（1951～2006年）

（単位：100万ドル）

年	売上高	純利益	売上高純利益率	年	売上高	純利益	売上高純利益率
1951	2,619	134	5.1%	1979	22,461	1,409	6.3%
1952	2,993	165	5.5%	1980	25,523	1,514	5.9%
1953	3,511	174	5.0%	1981	27,854	1,652	5.9%
1954	3,335	204	6.1%	1982	27,189	1,817	6.7%
1955	3,464	209	6.0%	1983	27,643	2,002	7.2%
1956	4,090	214	5.2%	1984	28,920	2,239	7.7%
1957	4,336	248	5.7%	1985	29,240	2,277	7.8%
1958	4,121	243	5.9%	1986	36,728	2,492	6.8%
1959	4,350	280	6.4%	1987	40,515	2,915	7.2%
1960	4,198	200	4.8%	1988	50,089	3,389	6.8%
1961	4,457	242	5.4%	1989	54,574	3,939	7.2%
1962	4,793	266	5.5%	1990	58,414	4,303	7.4%
1963	4,919	271	5.5%	1991	60,236	2,636	4.4%
1964	4,941	237	4.8%	1992	57,073	4,725	8.3%
1965	6,214	355	5.7%	1993	55,701	4,315	7.7%
1966	7,177	339	4.7%	1994	60,109	4,726	7.9%
1967	7,741	361	4.7%	1995	70,028	6,573	9.4%
1968	8,382	357	4.3%	1996	79,179	7,280	9.2%
1969	8,448	278	3.3%	1997	90,840	8,203	9.0%
1970	8,727	329	3.8%	1998	100,469	9,296	9.3%
1971	9,425	472	5.0%	1999	111,630	10,717	9.6%
1972	10,240	530	5.2%	2000	129,853	12,735	9.8%
1973	11,575	585	5.1%	2001	107,558	13,791	12.8%
1974	13,413	608	4.5%	2002	113,856	14,167	12.4%
1975	13,339	581	4.4%	2003	112,886	15,236	13.5%
1976	15,697	931	5.9%	2004	134,481	16,819	12.5%
1977	17,519	1,088	6.2%	2005	149,702	16,353	10.9%
1978	19,654	1,230	6.3%	2006	163,391	20,829	12.7%

〔出所〕GE, *Annual Report* による。

型投資に見合う利益を上げることができなかった。これがこの時期、GEが「利益なき成長」という経営的矛盾に悩まされた背景であった。

一九七〇年に入って会長に就いたジョーンズは、このようなGEの直面している状況を打開するための方策を経営コンサルティング会社、ボストン・コンサルティング・グループに委託した。ボストン・コンサルティング・グループがこのGEからの要望に応えて開発したのが、かの有名なプロダクト（事業）・ポートフォリオ・マネジメント、いわゆるPPMの手法である。GEはこのPPMの手法にもとづいてこれまでのGEの事業構造を見直し、事業に大胆なメスを入れた。その結果、結局、戦後最大の技術イノベーション事業と期待され、すでに莫大な資金を投入していたコンピュータ事業から撤退した。他方、当時製造事業に集中していたGEの事業構造には縁の遠いように思われた、ユタ・インターナショナルという高収益の鉱山事業を買収し、これによって、収益性上昇の事業基盤をつくり上げた。

また、戦略事業単位（SBU）組織を導入し、細分化された事業管理のシステムに戦略的な重点化を図ることによって、収益性向上の組織基盤をつくり上げた。

確かにこれによってGEは、一時的に収益率を回復する事業基盤を構築することに成功した。しかし、これによっても、成長性と高収益性を長期的に持続できる経営体制を形成しえたとはいえず、産業構造の変化や景気の変動に左右される体質を脱却できない状況にあった。むしろ、PPMやSBUなど事業管理の精緻化したシステムの導入は計画部門の肥大化を生み出し、より一層組織の硬直化をもたらす結果となっていた。

一九八一年、ジョーンズに代って会長に就いたウェルチは、このような不安定さや組織硬直化からの徹底した脱却を目指した。

そのために、以後二〇年間、以下でみるような新しい事業管理の原則、意識改革、経営手法を導入した。その結果、**表3―2**で見るように、二〇世紀末の産業構造の大きな変動や景気変動にもかかわらず、安定した成長性と収益性を実現することになった。しかも、一九九〇年代後半からの五年間は、九%台の売上高純利益率を確保し続けてきた。

これは、一言で言えば、一九七〇年代までの縦割りに硬直した組織を、柔軟でどのような経営環境変化の下でも成長と高収益性を確保できる組織に改革することに成功した結果であった。

1980、90年代GEのリーダー、ジャック・F・ウェルチ〔*Business Week*, June8, 1998の表紙より〕

（1）一九八〇年代の改革

一九八一年、ウェルチが会長に就任して早々、推しすすめたGEの改革の基本原則はきわめて単純明快なものであった。それは、つぎの二つの点にまとめられる。

第一に、GEが手掛ける事業は、世界市場でトップか、二位の座を占めるものに限られること、この条件を満たせない事業は大胆に切り捨てること。いわゆるGEの「ナンバー1・ナンバー2戦略」である。

第二に、基礎が確立されている大企業のもつ強さ、経営資源、および勢力範囲に加えて、小企業のもつ感度の良さ、小回り、簡素さ、機敏さを育成することにも全力で取り組むことである。

このような二つの原則に従って、ウェルチは、二一世紀に向けてGEを、変動するどのような状況下でも成長を持続できる、質量ともに世界最強の企業に構築することを目指した。

事業構造の改革――「ナンバー1・ナンバー2戦略」

ウェルチが一九八一年着任後、第一にとりかかったのは、事業構造の改革、いわば事業構造の柔軟化への取組みであった。企業の事業構造は、いったん形成されると、環境が変わってもなかなか再編成、撤退することが難しいのが常である。一九七〇年代までのGEは、PPMやSBUなど多角化構造を管理する精緻な管理システムをつくり上げた点では大きな成果を残した。それはまさに、二〇世紀における「組織改革のアカデミー」の面目にふさわしい成果であった。しかし、いったんでき上がった事業構造を柔軟に再編成していく点では、精緻な管理システムは、むしろそれを遅らせてしまう構造をつくり上げてしまうことになった。

ウェルチは、このような悪弊を破壊するために一つの単純明解な原則を導入した。それは、「業界でナンバー1・ナンバー2になれないような事業からは撤退する」というものであった。この考えにもとづいて、ウェルチの時代、数多くの事業の売却と買収が繰り返された。ジョーンズの時代には収益性回復の切り札のように見られたユタ・インターナショナルも売却された。

他方では名門情報サービス会社であるRCAを買収した。また金融サービス会社を積極的に育成した。この結果、GEは家電製品、電力システム、産業機器などの伝統的な製造業中心の企業から、航空機エンジン、医療システムなどの先端技術分野と金融、情報などのサービス分野中心の企業に大きく変身した。そして、それまでセクター制の下で乱立していた多数の事業単位が、世界市場ナンバー1・ナンバー2基準に適合する一四個、さらに一二個の事業単位にまとめられた。

このようなウェルチの「ナンバー1・ナンバー2戦略」は、実はドラッカーの二つの問いから得られたものであったという。一つは「もしまだ手がけていなかったとして、今日、その事業を始めるか」という問いであり、もう一つはさらにそれに引き続く「もし答えがNOであるのならば、あなたはどうするのか」という問いであった。

ドラッカーのこれらの問いに触発されたウェルチの、「業界でナンバー1・ナンバー2になれないような事業からは撤退する」という戦略展開は、当時GE内外に衝撃を走らせるものであった。しかしこれによって、PPMやSBUなどの手法で結果的には事業構造の再編成を遅らせることとなっていたGEの体質を大きく変えることになった〔以上、Edersheim (2007)：邦訳、一〇八ページ、Cohen (2008), pp. 53, 205, 210を参照〕。

経営組織の改革——セクター制の廃止、組織階層の簡素化

経営革命のもう一つの柱は、事業の推進を支える経営組織の改革であった。

GEはその創業以来百年余にわたって、①機能部門別組織の導入と専門経営者支配の確立、②事業部制組織の導入、③戦略事業単位（SBU）組織の採用など、一貫して現代の経営組織の改革をリードしてきた。その改革は、もとより、それぞれの時代において事業の推進を支える新しい組織として積極的な役割を果たしてきた。しかし、同時にそのような改革の結果は、次第に経営組織の肥大化と細分化、官僚化をもたらすことになっていた。とくにGEは、組織改革のリーダーであると同時に、エクセレント・カンパニーとしての安定した社会的地位にあったことが、かえって経営組織の官僚化をすすめる結果になっていた。一九七〇年代の戦略事業単位組織とPPMにもとづく経営が醸し出していた「分析まひ症候群」は、それを象徴するものであった。

ウェルチは、二一世紀に向けて成長を持続しうる強靭な企業体質をつくるために、このような状況をどうしても打破する必要があると考えた。そのために、それまでの戦略計画策定のプロセスを革新するとともに、さらに一九七〇年代のGEの組織を象徴するセクター制を廃止し、組織の階層性を簡素化しようとした。これによって、GEの経営組織は大幅に簡素さと柔軟さを取り戻すことになった。

以上のような一九八〇年代の積極的な企業革命に支えられて、GEは、一九九〇年代の半ばまで、売上高でも純利益でも、毎年最高水準を更新し続けた（ただし、一九九〇年代はじめには、会計原則の変更や航空宇宙事業売却の影響で、最高水準更新が途切れた年がある。本章一三三ページ表3—2を参照）。

しかし、ウェルチには、一九八〇年代に推進した企業改革は、まだまだ不十分なものであった。

彼は、八〇年代の改革をとおして、企業経営の「ハードウェア」に当たるもの、具体的には事業構造や経営組織の枠組みについては、概ね変革を果たしたと感じていた（企業改革の「ハードウェア段階」）。しかし、企業経営の「ソフトウェア」にあたるもの、つまり長い歴史のなかでGEの従業員に根を下ろしている価値観や動機といった組織の風土については、まだ成長持続のための整備が整っていないと考えた。この点について、当時ウェルチは、「会社は、リストラクチュアリング、官僚主義の排除、ダウンサイジングを行えば、生産性を高めることができますが、企業風土の変革を行わない限り、高い生産性を維持できません」、と語っている。一九九〇年代を迎える時点で、ウェルチは、さらにこの新しいレベルの企業改革、「ソフトウェア段階」の変革に取り組むことになった。

（2）　一九九〇年代の改革

「共有化された価値にもとづく組織」

ウェルチは「ナンバー1・ナンバー2戦略」によって事業構造の再編成をすすめるプロセスで、一九八〇年代後半になると、新しい課題に突き当ったように思われる。それは、どのような事業改革を行うにしても、それを実際に担う従業員の意識を改革しなければ前進できないという課題である。事業構造への取組みを柔軟化するためには、同時に、それを担う従業員の意識も柔軟なものにしておかなければならないということであった。

企業成長の持続を実現するために、ウェルチが理想とする組織は、一言で言えば「共有化された価値にもとづく組織」であった。それは、これまでの伝統的な、上下の管理関係を軸にして従業員の参加を強制するだけの組織ではなく、企業の目標やさまざまなアイデアを共有することによって従業員が自主的に参加することがより大きなウエイトを占める組織であった。このような組織の構築という点から見ると、GEの組織は、一九八一年以来すすめてきた変革にもかかわらず、ウェルチにはまだまだ不満足なものであった。

このような、いわば組織風土レベルの変革をすすめるために、まず一九八六年に、ウェルチはGEのトップ・グループと定期的に話し合うコーポレート・エクゼクティブ・カウンシル（Corporate Executive Council. 通称CEC）という組織を設けた。これは、GEのトップ三〇人の事業部門の責任者と上級経営責任者、上級本社マネジャーたちが四半期に一度会合をもち、そのときどきにGEにとって最も重要な問題を議論する場であった。

会合は、クロトンビルの経営開発研究所で行われた（この研究所が一九五六年、米国で最初の本格的な企業内の経営管理者研修所として、当時の会長コーディナーの主導で開設されたことは、前項で見たとおりである）。CECは、事業について何らかの意思決定をする権限をもった組織ではなかったが、社内で最も豊富な情報を持った人々が事業運営上の共通の関心事について意見交換をする組織であり、実質的にはGEの経営の中心的な機能を効果的に果たすものとなった。またそれは、同時にGEの企業価値を会社の上級マネジャーに浸透させる機能を果たした。

「ワークアウト」

ＣＥＣをとおして、一九八八年までに、ＧＥの上級マネジャーたちは、ウェルチの考える企業価値を理解し、信奉するようになっていた。さらにＧＥの一三の事業部門のレベルでもＣＥＣと同じ機能を果たす組織が設けられ、ＣＥＣに直接参加できない幹部にも企業価値の共有化の浸透が図られていった。

しかし、ＣＥＣに集まるこれらの上級マネジャーより下の階層のマネジャー、ミドルやそれ以下のマネジャー、一般従業員には、この時点においてはまだ、ＧＥの企業価値の共有化は浸透していなかった。ウェルチとミドルやそれ以下のマネジャー、一般従業員の間には、企業価値の理解について依然として溝が存在していた。ウェルチは、この溝を埋めるために、大多数のこれらの従業員と企業価値を共有化する方法を見つけ出さなければならなかった。

ウェルチは、上級マネジャーを対象としたクロトンビルでの経験をさらに下の階層のマネジャー、三〇万人の全従業員のレベルで再現していくことが必要であると考えた。現場のマネジャーや従業員が日常的に感じていること、不満に思っていることを上級マネジャーが直接に聞き、それを克服しながら、積極的にＧＥの企業価値について共通の理解をすすめていくような作業が必要であるということであった。この作業は、無意味な習慣をＧＥから「ワークアウト（Work-Out）」（除去）し、従業員による「ワークアウト」（点検）を通じて業務の無駄をなくし、問題を「ワークアウト」（解決）する必要があるという意味を込めて、「ワークアウト」プログラムと名付けられた。ワークアウトには、四つの主要な目標が課せられた。
①自らの立場を気にすることなく、率直に発言することを通して、相互信頼を築く。
②現場の従業員の知識と感情的エネルギーを引き出すために、権限の委譲をすすめる。
③不必要な仕事の除去をすすめる。
④GEにとっての新たなパラダイムの創出をすすめる。

GEのワークアウト運動は、一九八八年一〇月に始まった。それは、当初、特定の事業部を対象に、三〇〜一〇〇名程度のさまざまなタイプ、レベルの従業員が参加して開かれた。

ワークアウトが始まった当初、参加者はまず長い間抱いてきた不平、不満をこぼすのに多くの時間を費した。しかし、不平をいう過程で従業員たちは、多くの問題が実は大した労力を要することなく解決可能であることを発見することになった。また、討論の過程で今までマネジャー・レベルで専有されていた情報が一般従業員と共有化され出したことは、この運動を一層盛り上げることになった。

ワークアウトが実施されて最初の二年間に、GE全体で二〇〇〇以上のワークアウトが行われ、そのなかでの提案の九〇％にもとづいて、何らかの措置が講じられた。

一九九〇年に入って、ワークアウト運動は、第二段階に入った。これまでの「日頃の日常業務とは違う行動」を「いつもと同じ日常業務の状況」で行うように変更され、ワークアウトはGEの日常業務の一部となっていった。こうしたなかで、GEの従業員は、いまやグローバル競争が避けられないものであるという共通の理解のうえに、業績目標が高められると、それに対して文句を言うかわりに、いかにして目標を達成するかという点に気持の焦点を合わせるように変化してきた。

一九九二年に入って、ワークアウト運動の第三段階が始まった。新しい段階のワークアウト運動はチェンジ・アクセラレーション・プログラム（Change Acceleration Program. 通称ＣＡＰ）と名付けられた。これはワークアウトを新しいタイプのマネジャーを育成するために利用しようという体系的な試みであった。ウェルチは、ＧＥのすべてのマネジャーが単なる管理者ではなく、業務の革新を自らリードする、「変革型の管理者」となることを期待していた。新しい段階のワークアウトは、このような新しいタイプの管理者を全社的に育成することにワークアウト運動を活用することであった。こうして、ワークアウト運動は、さらに新しい役割を持つことになった。

この運動の最大の成果は、組織の構成員がそれぞれのレベルで改革のリーダーとしての意識を持つことになり、ＧＥが組織のすべてのレベルでリーダーシップの連鎖、ノエル・Ｍ・ティシーのいう「リーダーシップ・エンジン」を備えた、巨大な改革志向組織を形づくることになったことである。これはまた、組織全体が単に「学習する組織」ではなく、「教育する組織」に変わっていくことでもあった（以上、「リーダーシップ・エンジン」については、Tichy with Cohen（1997）を参照）。

「境界のない組織」と「統合された多様性」

ワークアウト運動を推進しながら、一九九〇年までにウェルチの頭の中でさらにＧＥの新しい組織のイメージが結実してくることになった。ウェルチは、ＧＥを真に「境界のない組織」にしたいと考えるようになった。「境界のない組織」について、ウェルチは一九八九年の『アニュアル・レポート』のなかでつぎのようにのべている。

「われわれの一九九〇年代の夢は、境界のない企業になることです。境界のない企業というのは、会社内でわれわれを互いに分け隔てている壁、また社外のわれわれの主要な顧客とわれわれを隔てている壁を打ち壊すような企業であります。われわれの描く境界のない企業では、エンジニアリング、製造、マーケティング、販売、顧客サービスなどの間の壁が取り払われることになるでしょう。また、そこでは『国内』と『国外』の事業の区別はなくなっているでしょう。そこでは、われわれは、ルイスビルやスケネクタディで仕事を行うのと変わらない心地好さで、ブダペストやソウルで仕事を行うことになるでしょう。この境界のない組織では、『マネジメント』『月給制』『時給制』といったラベルを取り払って、みんながいっしょに協力して働くようになるでしょう。

境界のない企業は、さらにその外壁も打ち壊して主要なサプライヤーと手を組み、知恵を出し合って、顧客満足という共通の目標達成のための一つの共通のプロセスをかれらと共有することになるでしょう。これは確かに、前例のない文化的変革を必要とする、壮大なビジョンであり、われわれはまだその実現にほど遠い地点にいます。しかし、われわれはそこにいかにして到達するかについてはアイデアをもっており、それは社内全体で急速に現実に向かいつつあります。それが、ワークアウトとよばれるものです。」〔General Electric Co.(1989), p.3〕

GEにとって、境界のない企業としての具体的な主要課題は、一三の事業を相互に関連づける手段を与えることであった。それをウェルチは、「統合された多様性」というコンセプトで表している。それは、具体的に言えば、最も優れたアイデア、最も進んだ知識、最も貴重な人材を、境界のない企業の各事業間を自由に、かつ容易に移動させる能力である。このコンセプトの意味を、ウェルチはつぎのような例を挙げて説明している。

「二年前、わが社の社員の一人がニュージーランドのある家電製品製造会社で、製品の開発から発売までのサイクル・タイムを短縮する、真に革新的な方法を考え出しました。そして、その方法をカナダにあるわが社の関連会社で試してみると、うまくいくことがわかりました。

そこで、今度は、その方法をケンタッキー州ルイスビルにあるわが社最大の家電製品工場に移転しました。それによって、その工場のプロセスが一新され、製品の開発から発売までの時間が短縮され、顧客対応力が強化され、在庫が年間何億ドルも削減されました。今でも、ルイスビルにはわが社のすべての製造事業部門からの派遣で構成されるチームが滞在しており、ニュージーランドで生まれてモントリオールへ、さらにルイスビルへ移転された学習の成果をGEのすべての事業部門に普及させる活動をおこなっています。」〔General Electric Co. (1990), p. 2〕

一九八〇年代に、積極的な事業の買収・売却によって事業構造のリストラクチュアリングをすすめ、伝統的な製造事業から金融、情報などのサービス事業にその中心を大きくシフトしてきたこともあり、GEには、内部的な事業連関に乏しい巨大企業というイメージが付きまとった。しかしウェルチは、GEが単なる多様な事業の寄せ集め、つまり単なるコングロマリットの現代版とみられることを極度に嫌った。

ウェルチは、「コングロマリットとは、機軸となるテーマをもたない事業グループのこと。GEには共通の価値観がある」、「GEにはあらゆるタイプのシナジー（事業間の相乗作用）が存在する」とのべ、GEが決してコングロマリットではないことを強調した。

ウェルチは、一九八〇年代後半から九〇年代初頭にかけて、実際に「共通の価値観」「事業間のシナジー」を創出するために、GEの「統合された多様性」を引き出すことに全力を上げた。前記の引用に示されている「境界のない組織」づくりの実例は、そのような状況を具体的に示している。

5　ウェルチの改革成果とドラッカーの「情報化組織」構想
――ドラッカーの期待はどのように応えられたのか

（1）「共有化された価値にもとづく組織」と「情報化組織」

問題は、以上で見てきたようなウェルチの改革がドラッカーが期待したと思われる「情報化組織」の構想にどのように接近しえたのかということである。

結論的に言えば、ウェルチの改革は、ドラッカーの「情報化組織」構築と重要な接点を持つものとなってきているということである。

この点で最も重要なことは、表現は異なるが、どちらも二〇世紀に支配的であった（そしてそれが二一世紀の今日でもまだ続いているのであるが）企業組織の限界を強く意識し、その根本的なあり方の転換を目指していることである。ウェルチの改革はこのことを、先に見たように、「共有化された価値にもとづく組織」「境界のない組織」「多様性の統合された組織」などのコンセプトで表現している。そしてその根幹をなしていたのは、「共有化された価値にもとづく組織」というコンセプトで表現された組織像であった。

それは、これまでの伝統的な、上下の管理関係を軸にして従業員の参加を統制するだけの組織ではなく、「企業の目標やさまざまなアイデアを共有することによって従業員が自主的に参加することがより大きなウエイトを占める組織」であった。

このような組織の構築という点からみると、GEの組織は、一九八一年以来すすめてきた変革にもかかわらず、ウェルチにはまだまだ不満足なものであった。そこで、このような組織風土レベルの変革をすすめるために、ウェルチが一九八〇年代後半から立ち上げたのが、ウェルチ自身がGEのトップ・グループと定期的に話し合うコーポレート・エクゼクティブ・カウンシル（CEC）であった。

会合は、ニューヨーク州クロトン・オン・ハドソンにあるGEのクロトンビル経営開発研究所で行われた。それは、社内で最も豊富な情報を持った人々が事業運営上の共通の関心事について意見交換をする場となると同時に、GEの企業価値を会社の上級マネジャーに浸透させる機能を果たした。

ウェルチは、上級マネジャーを対象としたクロトンビルでの経験をさらに下の階層のマネジャー、三〇万人の全従業員のレベルで再現していくことが必要であると考えた。現場のマネジャーや従業員が日常的に感じていること、不満に思っていることを上級マネージャーが直接に聞き、それを克服しながら、積極的にGEの企業価値について共通の理解をすすめていくような作業が必要であった。GEの「ワークアウト」運動は、これを組織したものであった。

ワークアウト運動をとおしてウェルチがさらに描くようになった理想の組織像は、「境界のない組織」であった。それは、「会社内でわれわれを互いに分け隔てている壁、また社外のわれわれの主要な顧客とわれわれを隔てている壁を打ち壊す」ような企業組織であった。

それは、前例のない文化的変革を必要とする、壮大なビジョンであった。しかし、ウェルチは企業組織の単なる観念的な理想としてこのような組織像を提案したわけではなかった。それは、現代の企業界において屈指の多事業展開企業であり、しかも日々その構造を変容させていくグローバル企業GEにとって、きわめて現実的な必要に迫られた実現課題であった。絶え間なく変容する事業構造と活動分野、地球上のあらゆる地域の人々と文化を網羅した日々の企業活動、多面的な社会組織との協働関係、など、類を見ない「多様性の統合」の成功が、とくに二一世紀におけるGEの事業活動を支える必須の条件であった。

ウェルチの打ち出した新しい組織像は、一見あまりにも観念的、理想的に見えるかもしれない。しかし、GEが直面している企業活動を見れば、それが実はきわめて現実的なものであったことがわかる。

ところで、このようなウェルチ改革が打ち出した二一世紀の組織像は、ドラッカーの「情報化組織」像とどのような接点を持っているであろうか。

この点で注目されることは、二〇世紀までの企業組織が「指揮・統制型組織」であったのに対して、新しい未来型組織は、そこからの脱却を謳っていることである。そこで具体的にイメージされているのは、病院、大学、オーケストラなどのような「知識専門家組織」である。

このようなドラッカーの「脱指揮・統制型組織」のイメージは、ウェルチが打ち出した「共有化された価値にもとづく組織」のイメージと大きく重なるものがある。それは、これまでの伝統的な、上下の管理関係を軸にして従業員の参加を統制するだけの組織ではなく、「企業の目標やさまざまなアイデアを共有化することによって従業員が自主的に参加することがより大きなウエイトを占める組織」であるからである。

もとより、一見観念的、理想論的にみえても現実的な必要性と直結していたウェルチの未来型組織像と、理論家としてのドラッカーの「情報化組織」像の間には、違いがあって当然である。しかし、ここで驚くべきことはむしろ、このようにまったく違う立場の二人の間に大きな接点を見出すことができる、ということである。

結論的に言えば、ウェルチの改革は、ドラッカーが論文「情報が組織を変える」で問うた課題に大きく呼応するものとして展開し、進みつつある。

（2）「脱指揮・統制型組織」を目指して――「リーダーシップ・エンジン装備組織」の可能性

ウェルチの改革、とくに「共有化された価値にもとづく組織」の構築を目指す「ワークアウト」運動のなかで生み出された最大の成果は、組織の構成員がそれぞれのレベルで改革のリーダーとして機能する、新しいタイプの組織への展望を切り拓いたことであった。これによってGEは、組織のすべてのレベルにリーダーシップの連鎖を装備した組織として進化することになった。

ウェルチのすすめた「ワークアウト」運動をGEクロトンビル経営開発研究所所長として支えたミシガン大学ビジネス・スクール教授ノエル・M・ティシーは、このGEの新しいタイプの組織を「リーダーシップ・エンジンを装備した組織」としてモデル化した。

ティシーの言う「リーダーシップ・エンジン装備組織」について注目されることは、これが「脱指揮・統制型組織」を目指す組織としての一つの現実的方向を示すものではないかということである。なぜなら、この組織には、「指揮・統制型組織」に対する、いわば「説得・自覚型組織」構築の可能性が現れているからである。

それでは、ティシーがウェルチのGE改革からモデル化した「リーダーシップ・エンジン装備組織」とはどのようなものか。

「リーダーシップ・エンジン」とは何か

はじめに、そもそも「リーダーシップ・エンジン」とは何かについて、一言確認しておかなければならない。ティシーにしたがって結論的に言えば　それは、「リーダーが組織のあらゆる階層に存在し、かれら自身が次代のリーダーをつぎつぎに生み出していく仕組み」であるということができる。

成長を持続させる組織は、いずれにしてもこのような「エンジン」を装備しているという。一般に組織の発展にとって優れたリーダーシップの存在が必要とされることは、論を待たないことである。しかし、リーダーシップが組織の成功を「決定付ける」要因であるか、ということになると、さまざまな見解が存在する。とくに、リーダーシップのような個人的能力に依拠する要因よりもむしろ、企業文化や経営手法のような組織的、客観的な要因を重視する考え方が存在する。

しかし、ティシーは、それらの要因も大切であるが、組織の成功において何よりも重要なのは、リーダーシップという要因であるという。そして、リーダーシップが何をおいても重要であるのは、「リーダーという者が、何をすべきか決定し、事を起こすその人であるからである」という。

さらに「リーダーシップが文化の影響や経営手法よりもはるかに重要であるもう一つの理由は、文化をつくり、経営手法を使うのは、リーダーその人だからである」とのべている。

こうして、ティシーは組織の成功にとってのリーダーシップの決定的重要性を強調している。そして、そのようなリーダーシップの階層的連鎖を構築することが成功する組織の要であるというわけである。

経営文化や経営手法の重要性と対比しつつ、明確にリーダーシップの決定的な重要性を唱えること自身、ティシー理論の組織理論の独自性を示している。

それに加えて、ティシーの組織理論の新鮮なところは、そのような組織のリーダーシップが組織のトップにだけ必要とされるのではなく、組織のあらゆる階層において求められており、組織にはいわばそのような「リーダーシップの連鎖構造」が必要とされているという認識を示していることである。

組織におけるリーダーシップという場合、私たちは往々にして、それをトップ・マネジメントだけに求められるもののように錯覚しているところがある。またそのような視野から、経営の成否に関わって、なにごとでもトップ・マネジメントのリーダーシップの責任を問うところがある。

しかし、組織におけるリーダーシップというものは、トップ・マネジメントだけに求められるのではなく、組織の階層のそれぞれの権限レベルでその責任者が求められるものである。そして、そのような「リーダーシップの連鎖構造」がしっかり確立されている組織、つまり「リーダーシップ・エンジンの装備された組織」が成功する組織の条件である、というのがティシーの組織理論のエッセンスであり、その理論の最も鋭く、新鮮なところである。

「リーダーシップ・エンジン装備組織」をいかにして構築するか

それでは、そのような「リーダーシップ・エンジンの装備された組織」をいかにして構築するか。これが問題となる。ティシーも、「長い間私には、組織の全階層でリーダーシップを発揮させることが組織の最終目的の一つであると分かっていた。明確でなかったのは、そのようなリーダーをどう育成するかという点であった」〔Tichy with Cohen（1997）：邦訳、序、xxiiiページ〕とのべている。

そしてティシーは、さらにそれに続けてつぎのようにのべている。――「今、私にはその答えが明白である。リーダー自身が自分に続くリーダーを育てようとして教育しているからこそ組織の全階層にリーダーがいるのだということがわかった。」〔Tichy with Cohen（1997）：邦訳、序、xxiiiページ。〕

すでにあきらかなように、結論は至極かんたんなことである。「リーダーがリーダーを育てる」ということであり、そのような組織を構築するということである。リーダーがリーダーを育てる組織体質を構築することができれば、自ずからその組織は「リーダーシップの連鎖」をもったものとなり、「リーダーシップ・エンジンを装備した組織」となることができるであろう。これが、ティシーがいう「リーダーシップ・エンジンを装備した組織」構築のエッセンスである。

ティシーはこのような組織を、「学習する組織」というよりも、「教育する組織」といったほうが適切であるとしている。しかし、このような組織を構築することは、単なる「学習する組織」を創ることよりも、ずっと難しいという。

「有能な教師であるには、世界レベルの学習者でなければならない。しかし、それでは十分ではない。学んだものを次へ伝え、他の人々もまた教える立場になるよう鼓舞しなければならない。あらゆる階層に教師の存在する組織こそ、本書のテーマである。単に優れた学習者になるよりも、自分の学習したことを他人に教授するレベルにまで引き上げることの方がずっと難しい。」〔Tichy with Cohen（1997）：邦訳、イントロダクション、四ページ〕

その上で、ティシーは、組織のあらゆるレベルにリーダーを養成するリーダーが存在するような、

「教育する組織」のリーダーに、共通する四つの点を挙げている〔Tichy with Cohen（1997）：邦訳、イントロダクション、五ページ〕。

「第一に、勝利を確実に積み上げてきたリーダーは、リーダーの育成に直接かかわっている。」

「第二に、リーダーを育てるリーダーは、アイデア、価値観、そして私の定義でいう『Eの三乗』、つまり豊かな感受性（emotional）、エネルギー（energy）、大胆な意思決定力（edge）という三つの分野で独自の教育的見地をもつ。」

「第三に、リーダーは自分の教育的見地を生き生きと話す。」

「最後に、勝利するリーダーは他のリーダーの育成にかなりの時間を費やしているため、洗練された方法論、指導テクニック、教授テクニックを身に着けている。」

さらにティシーは言う。――「リーダーには皆それぞれ独自のスタイルがあるのだが、共通点は非常にシンプルである。すなわち成功しているリーダーの条件とは、自らの貴重な時間と感受性豊かなエネルギーを惜しげもなく使って他人を教え、彼らにも自分に続いてほしいと思っていることである」と。

他人から謙虚に学ぶことは、それ自体なかなか難しいことである。しかし、学んだことをさらに他人に教えることは、精神的にも、また技術的にも、はるかに難しいことである。

しかし、成功する組織、成長を続ける組織は、このような「教える」ことに情熱と優れた技術を持つリーダーが組織のすべてのレベルで存在する組織でなければならない。これが、ティシーがG

Eクロトンビル経営開発研究所での経験から定式化した、きわめてシンプルな結論である。

今、あらゆる分野で、組織の成功、成長の持続にとって人材の重要性が語られることが多くなっている。それは逆に言えば、組織は大きくなっても、それに相応しい人材が質的にも量的にも、なかなか育っていないことを表明している。

これに対して、私たちは、構成員一人ひとりが「もっと勉強する組織を」ということを強調することが多い。また実際に、それを促進するために、学習や研修の機会を増やすなどして、公式にも任意にも、さまざまな努力がなされている。もとよりこれは、大いに意味のあることである。

しかし、より大切なことは、学習することと同時に、リーダーがリーダーを育てるために、「互いにもっと教育する組織」創りをすすめることである。これが今求められているのである。

GEのウェルチ改革とそれを定式化したティシーの理論は、今日の私たちに、このシンプルな組織作りの真実を教えている。

【参考文献】

Drucker, P.F.(1954), *The Practice of Management*：上田惇生訳『現代の経営(上・下)』ダイヤモンド社、二〇〇六年

Drucker, P.F.(1954b), The Professional Employee in Industry, General Electric Co.(1954), *Responsibilities of business Leadership: Talks presented at the Leadership Conferences Association Island*

Drucker, P.F.(1988), The Coming of the New Organization, *Harvard Business Review*, Jan.–Feb. 1988：DIAMOND ハー

バード・ビジネス・レビュー編集部編訳『P・F・ドラッカー経営論』ダイヤモンド社、二〇〇六年、第二一章「情報が組織を変える」
Drucker, P.F.(2005), *My Personal History*：牧野洋訳『ドラッカー・二〇世紀を生きて——私の履歴書』日本経済新聞社、二〇〇五年

Cohen,W.A.(2008), *A Class with Drucker—the Lost Lessons of the World's Greatest Management Teacher*
Cordiner,R.J.(1956), *New Frontiers for Professional Managers*：川村欣也訳『これからの経営者』東洋経済新報社、一九五八年
Edeasheim, E.H.(2007), The Definitive Drucker：上田惇生訳『P・F・ドラッカー——理想企業を求めて』ダイヤモンド社、二〇〇七年
General Electric Co.(1951), *Annual Report*, 1951
General Electric Co.(1954), *Annual Report*, 1954
General Electric Co.(1953), *Professional Management in General Electric*, Book One
General Electric Co.(1955), *Professional Management in General Electric*, Book Two
General Electric Co.(1954), *Professional Management in General Electric*, Book Three
General Electric Co.(1959), *Professional Management in General Electric*, Book Four
General Electric Co.(1954), *Responsibilities of Business Leadership: Talks presented at the Leadership Conferences Association Island*
General Electric Co.(1989), *Annual Report*, 1989
General Electric Co.(1990), *Annual Report*, 1990
Greenwood,R.G.(1974, 2 nd ed.1982), *Managerial Decentrlization*：斎藤毅憲・岡田和秀監訳『現代経営の精髄——

ＧＥに学ぶ』文眞堂、一九九二年
Immelt, J.R.（2006）, Growth as a Process, *Harvard Business Review*, June2006：松本直子訳「ＧＥ・・内部成長のリーダーシップ」『DIAMOND・ハーバード・ビジネス・レビュー』二〇〇六年九月号
日経ビジネス（2005）「ＧＥ世界最強の組織」『日経ビジネス』二〇〇五年七月二五日
野村マネジメント・スクール（1992）『ゼネラル・エレクトリック――一九九〇年代の戦略』
Rothschild,W.E.（2007）, *The Secret to GE's Success.*：中村起子訳『ＧＥ—世界一強い会社の秘密』インデックス・コミュニケーションズ、二〇〇七年
坂本和一（1997）『新版ＧＥの組織革新』法律文化社
Smiddy, H.F.（1960）, Implications for Future Managerial Education（Paper for Conference on Education for Business, Crotonville, New York, July24, 1960
Slater, R.（1994）, *Get Better or Get Beaten*！—*31 Leadership Secrets from GE's Jack Welch*：仁平和夫訳『進化する経営』日経ＢＰセンター、一九九四年
Slater, R.（1999）, *Jack Welch and the GE Way*：宮本喜一訳『ウェルチ――ＧＥを最強企業に変えた伝説のＣＥＯ』日経 BP 社、一九九九年
Tichy, N.M. and Sherman, S.（1994）, *Control Your Destiny or Someone Else* Will：小林陽太郎監訳『ジャック・ウェルチのＧＥ革命――世界最強企業への選択』東洋経済新報社、一九九四年
Tichy N.M. with Cohen, E.（1997）, *The Leadership Engine—How Winning Companies Build Leaders at Every Level*：一條和生訳『リーダーシップ・エンジン――持続する企業成長の秘密』東洋経済新報社、一九九九年
Welch, J.（2001）, *Straight from the Gut*：宮本喜一訳『ジャック・ウェルチ　わが経営（上・下）』日本経済新聞社、二〇〇一年

第4章　大学のイノベーションとドラッカー

――ドラッカー『イノベーションと企業家精神』が提起したもの――

2000年4月、立命館アジア太平洋大学第1回入学式〔記念写真〕

「政府や労働組合、さらには教会、大学、学校、病院、NPO（非営利組織）、慈善団体、職業別団体、業界団体などの公的機関も、企業と同じように、企業家としてイノベーションを行わなければならない。むしろ企業以上に企業家的であることが必要である。……しかし、公的機関がイノベーションを行うことは、最も官僚的な企業と比べてさえはるかに難しい。既存の事業が企業の場合よりもさらに大きな障害となる。」

——Drucker, P. F. (1985), *Innovation and Entrepreneurship—Practice and Principles*：上田惇生訳『イノベーションと企業家精神』ダイヤモンド社、二〇〇七年、二〇七ページ。

はじめに

筆者は、一九八八年、本務校立命館大学の教学部長という仕事を預かることになり、それ以後、二〇〇四年三月の定年の時まで、学校法人立命館の副総長や立命館アジア太平洋大学（ＡＰＵ）の学長など、大学の管理運営に直接に関与することになった。その間一貫して私の課題は「大学改革」であり、「大学のイノベーション」であった。

そのようなこともあって、ドラッカーの「イノベーション論」は、私にとって大きな励ましであり、支えであった。一方では学術的関心からドラッカーの著作は初期のものから出版される都度愛読してきたが、学術的関心と同時に、むしろ実践的な関心の面から深く傾倒したのは、一九八五年刊行の『イノベーションと企業家精神』であった。とくに、私自身が本務校立命館の管理運営に直接に関わるようになるのにしたがって、同書はそれまでのどの著作よりも、私にとって身近なものとならざるをえなかった。

私はこの大学の管理運営の仕事の過程で、思いもかけずドラッカーから直々に厚誼をいただく幸運にも恵まれた。立命館の仕事での最大の課題となった立命館アジア太平洋大学の創設で、ドラッカーから直々に温かい励ましのメッセージをいただくことになったからである。このようなこともあって、私にとってドラッカーは一段と親しみ深い存在となった。

私は、関わった立命館の管理運営のなかで、三つの大きな大学のイノベーションを経験した。①「大学コンソーシアム京都」の前身、「京都・大学センター」設立、②立命館大学における経済・経営二学部のびわこくさつキャンパス（BKC）移転と「BKC新展開」、③「立命館アジア太平洋大学（APU）」創設、がそれである。それらの課題の遂行過程で、ドラッカーのイノベーション論から陽に陰に、大いに励ましを受けた。

しかし、これまで、それらのイノベーションの実践とそこから筆者が得た教訓を大局的な形で紹介したことがあるが〔拙著『大学のイノベーション――経営学と企業改革から学んだこと』二〇〇七年、東信堂、を参照〕、そこから得た、イノベーションそのものの実現に関わる内在的な教訓については十分に分析したことがなかった。ここでは、対象とする具体的なイノベーションの舞台は同じであるが、イノベーションの実践という観点から、より内在的にそのプロセスを観察してみる。そのような作業を通して、ドラッカーのイノベーション論と私自身のイノベーション経験の接点を探ってみたい。

1　公的機関におけるイノベーションの必要と難しさ
――『イノベーションと企業家精神』が教えてくれたこと

ドラッカーの『イノベーションと企業家精神』は「イノベーションのための七つの機会」論をは

じめ、これまでになかったイノベーションの実践論として、多くの人々から高く評価されている。数あるドラッカーの著作の中でも、最も広く愛読されている著作の一つであろう。

教育上、研究上、私も本書を多面的に活用させていただくことが多かった。しかし、私が同書から受けた影響の最大のものは、第一四章の表題でもある「公的機関における企業家精神」であった。それは、大学の管理運営に携わった私にとって、いわば精神的指針であった。

一般に、政府機関や学校、各種慈善団体などの公的機関の管理運営は、営利組織としての「企業とは異なる」という通念が働いてきた。それは、現状を積極的に改革することに対する強い抵抗として作用してきた。この二〇年の間、世界的に公的機関の「民営化」が大きくすすんだが、それでもこの通念は根強いものがある。なによりも、公的機関内部の構成員に、「公的機関は企業とは異なる。企業のようなイノベーションは馴染まない」という意識がまだ強く残っている。教育の世界で言うと、経営が民営である私立大学・学校でもこの点は変わらない。

ドラッカー『イノベーションと企業家精神』(1985年) 原著

このような状況のなかにあって、「公的機関も、企業と同じように企業家としてイノベーションを行わなければならない。むしろ企業以上に企業家的であることが必要である」というドラッカーのイノベーション論、「公的機関における企業家精神」論に出会ったことは、私自身を大きく勇気づけてくれるものであった。

ドラッカーは、「公的機関も、企業と同じように企業家としてイノベーションを行わなければならない。むしろ企業以上に企業家的であることが必要である」とする一方で、「公的機関がイノベーションを行うことは、最も官僚的な企業と比べてさえはるかに難しい」という。そして、それは、「既存の事業が企業の場合よりもさらに大きな障害となる」からであるという。

ドラッカーは、公的機関が企業の場合よりも、既存の事業がイノベーションの障害となる理由として、三つの点を挙げている。

第一は、「公的機関は成果ではなく予算にもとづいて活動する」組織であって、売上げのなかから代価が支払われる組織ではない、ということである。このような組織では、予算規模こそが組織成功の指標となるのであり、予算規模の縮小につながる組織活動の縮小、削減には大きな抵抗が生ずる。

第二は、「公的機関は非常に多くの利害関係者によって左右される」ということである。公的機関には、企業の場合のように、自分たちがそこから支払いを受ける売上げというものがない。したがって、企業の場合には、消費者の満足が優先し、基本的にその関係の成功が他の関係者の満足を導くことになるが、公的機関の場合には、そのような核になるものがなく、すべての関係者を満足させなければならない。どのような組織においても、新しいことの導入は利害関係者の論議を呼ぶが、それをすべての関係者が満足のいくようにすすめることは、なかなか難しい。

第三は、これが実は最も重要な理由であるが、「つまるところ、公的機関は善を行うために存在する」ということにある。このことは、「公的機関は、自らの使命を道義的な絶対とし費用対効果の対象とはみなさない」ことを意味する。したがって、公的機関に対してイノベーションを推進し、何か別のことを行うように要求するならば、それはその機関の存在理由、理念に対する攻撃として反撃を受けることになるという。そしてこれが、公的機関のイノベーションが、なぜ既存の機関から生まれ難いかを説明する最大の理由であるという。

それでは、公的機関のイノベーションを可能にするためには、どのような企業家的経営管理の方法が必要であろうか。この点についてドラッカーは、四つの点を指摘する。

第一に、「公的機関は明確な目的をもたなければならない。」当該の機関は、なぜ存在しているのか、何をしようとしているのか、をあきらかにしなければならない。

第二に、「公的機関は実現可能な目標をもたなければならない。」つまり、公的機関は本当に実現可能な、最終的に達成を明確に確認できる目標設定を必要としている。

第三に、「公的機関は、いつになっても目標を達成できなければ、目標そのものが間違っていたか、あるいは少なくとも目標の定義の仕方が間違っていた可能性があることを認めなければならない。」つまり、目標は大義ではなく、費用対効果にかかわるものとしてとらえられなければならない。

第四に、「公的機関は、（イノベーションの）機会の追求を自らの活動に組み込んでおかなければならない。変化を脅威としてではなく、機会として見なければならない。」〔以上、『イノベーションと企業家精神』の邦訳は、Drucker（1985）：邦訳、二〇七〜二一六ページ、による。〕

2　私が関わった三つの大学イノベーション

一九八八年の教学部長就任に始まる私の立命館大学での管理運営との関わりのなかで、私は、その時点、その時点でさまざまなイノベーションの機会に直面した。その度に、ドラッカーのイノベーション論が頭に浮かんだ。

一九八八年以来立命館大学で関わることになったさまざまなイノベーションのなかで、とりわけつぎの三つが私にとって抜群の重みを持つものだった。

第一は、一九九三年、「大学コンソーシアム京都」の前身、「京都・大学センター」設立への関わりである。

私は、この「京都・大学センター」設立の基礎となった京都市の「大学のまち・京都21プラン」策定作業に参加し、一九九三年七月スタートした「京都・大学センター設立推進会議」、さらに翌九四年四月に正式発足した「京都・大学センター」の運営委員会の一員として、その立ち上げ期の活動に関わった。

「京都・大学センター」は、五〇近い大学が集積する京都地域の特色を活かし、地域大学連携による大学の教育・研究の新しい展開と地域貢献をすすめようとするものであった。その事業範囲は多岐にわたっているが、大学間の「単位互換制度」と、それらの活動拠点としての「大学共同利用施設」の設立が、そのシンボル・プロジェクトとなった。

第二は、一九九八年、立命館大学における経済・経営二学部のびわこくさつキャンパス（ＢＫＣ）移転と、ＢＫＣに新しい教学システムを構築する「ＢＫＣ新展開」である。

立命館大学でこの新事業の課題が持ち上がったのは一九九四年度開始早々のことであったが、それはちょうど私が副総長に就任したときであり、教学現場での指揮は私の肩にかかってきた。この事業は、一九九四年四月、すでに理工学部が移転、規模拡充を果たしていたＢＫＣに、さらに経済・経営二学部を移転し、両学部の教学諸条件の抜本的改善と同時に、新キャンパスＢＫＣ全体としての高度化、いわゆる「ＢＫＣ新展開」を図ったものである。

私たちが、経済・経営二学部を移転対象学部としたとき念頭に浮かんだのは、米国のＭＩＴ（マサチューーセッツ工科大学）であった。ＢＫＣを日本を代表する「文理融合キャンパス」、いわば「日本のＭＩＴ（マサチューーセッツ工科大学）」を目指そうと考えた。そして、その中核事業に、学部横断型の教育プログラム、「文理総合インスティチュート」の構築をすえた。

第三は、学校法人立命館が、九州、大分県別府市ですすめたＡＰＵの創設である。

いろいろ関わったイノベーションのなかでも、私にとって最も刺激の大きかったのは、この取組みであった。この事業が持ち上がったのも一九九四年四月のことである。私は当時副総長としてこの事業に最初から関与し、一九九七年度からは学長予定者として準備の現場を指揮する責任を負った。さらに二〇〇〇年四月開学から完成までに四年間、初代学長を務めることになった。一九九四年四月、私自身が副総長に就任したこの時期は、先に紹介した経済・経営二学部のBKC移転と、このAPUの創設という二大事業が同時に浮上するという、立命館学園の歴史上でも稀にみる意義深い時期であった。

APUは、一九九四年四月に話が持ち上がってから丸六年間の準備期間を要して、二〇〇〇年四月に開学した。このAPU創設がもったイノベーションとしての意義は、何といっても第一は、これがわが国でかつて試みられたことのなかった、「本格的な国際大学」の開設であったことである。APUはその設立構想の最初の段階から、学生の半数（五〇％）を外国からの留学生（APUでは留学生を通常、「国際学生」といい慣わしているので、以下本書では、留学生のことを国際学生という）で受け入れ、わが国にアジア太平洋地域を中心に世界中から若者が集まる国際的な高等教育の拠点を構築することを目指した。そして同時に、これによって実現される多国籍・多文化教育環境のなかで、日本人学生に対する本格的な国際化教育を推進していくことを目指した。

しかも学生規模は、一学年定員八〇〇名という、当時も、また現在でみても、破格の大きな規模の大学創設であった。したがって、国際学生規模も一学年四〇〇名、四年間で一六〇〇名という、想像を超える計画であった（現在は、一学年六五〇名、四年間で二六〇〇名となっている）。

さらに、このような受け入れ学生の抜本的な国際化に対応すべく、キャンパスでの教育言語も、日本語と英語の二本立てとし、とくに英語による一貫した教育システムを導入した。また教育を担う教員も約半数は、英語を主要使用言語とする外国人で構成することとなった。今日でもわが国のほとんどの大学が教育言語を日本語としているなかで（一部分を英語化しているところは増えてはいるが、大学・学部の教育カリキュラムを全面的、体系的に英語化しているところは、今日でも数少ない）、APUの試みは画期的なものであった。

APU創設のもう一つの大きなイノベーションは、わが国の「国際学生受け入れモデル」の転換、モデル革新を実現したことである。

二〇〇七年五月現在、わが国が受け入れている外国からの国際学生は約一一万八四九八名であるが、その七八・八％は中国、韓国、台湾からの学生であり、東北アジアの三つの国・地域からの学生が圧倒的なウエイトを占めている（そのうち、さらに中国からが六〇・二％を占める）。しかし、APUの状況を見てみると、これら三つの国・地域からの学生の占めるウエイトは四九・一％にとどまっており、残りの約半数は世界中の八〇を超える国・地域からきている。具体的な状況は表4―1のとおりである。

こうして、APU創設は、①学生の構成からみても、教育システムからみても、キャンパス環境からみても、紛れもなくわが国初の「本格的な国際大学」の構築であった。また、②そのような教育環境整備の中核となる外国からの国際学生受け入れについて、これまでわが国の大学が常識としてきたモデルを大幅に転換、革新するものであった。

表4-1　立命館アジア太平洋大学 国・地域別の国際学生数(2007年9月21日現在)

	国・地域	総学生数 学部	大学院	交換・短期留学	合計
1	韓国	624	5	7	636
2	中国	494	41	7	542
3	タイ	236	6	0	242
4	ベトナム	181	22	0	203
5	モンゴル	130	4	0	134
6	インドネシア	146	11	0	157
7	台湾	102	8	2	112
8	スリランカ	41	6	0	47
9	インド	37	8	0	45
10	ミャンマー	51	5	0	56
11	バングラデシュ	41	11	0	52
12	ネパール	35	2	0	37
13	マレーシア	11	8	0	19
14	フィリピン	10	9	3	22
15	パキスタン	8	2	0	10
16	シンガポール	3	3	1	7
17	ラオス	0	7	0	7
18	カンボジア	0	5	0	5
	小計	2150	163	20	2,333
19	バーレーン	1	0	0	1
20	イラン	0	1	0	1
21	オマーン	1	0	0	1
22	シリア	1	0	0	1
23	トルコ	0	2	0	2
24	サウジアラビア	0	1	0	1
	小計	3	4	0	7
25	ケニア	14	2	0	16
26	ナイジェリア	9	3	0	12
27	ガーナ	10	2	0	12
28	マリ	4	0	0	4
29	カメルーン	3	1	1	5
30	ウガンダ	3	1	0	4
31	ベナン	2	1	0	3
32	エチオピア	1	1	0	2
33	タンザニア	2	1	0	3
34	コートジボアール	1	0	0	1
35	ガボン	1	0	0	1
36	ギニア	1	0	0	1
37	リベリア	1	0	0	1
38	マラウイ	1	0	0	1
39	南アフリカ	0	1	0	1
40	ザンビア	0	1	0	1
41	モザンビーク	1	0	0	1
	小計	54	14	1	69
42	アメリカ合衆国	27	6	10	43
43	カナダ	8	3	5	16

	国・地域	総学生数 学部	大学院	交換・短期留学	合計
44	メキシコ	3	4	2	9
45	ボリビア	2	0	0	2
46	ブラジル	1	0	0	1
47	コスタリカ	0	1	0	1
48	ペルー	0	2	0	2
49	ベネズエラ	0	1	0	1
50	エクアドル	0	2	0	2
	小計	41	19	17	77
51	オーストラリア	6	1	8	15
52	パプアニューギニア	0	2	0	2
53	サモア	0	3	0	3
54	トンガ	1	3	0	4
55	ニュージーランド	1	0	0	1
	小計	8	9	8	25
56	ウズベキスタン	19	3	0	22
57	ドイツ	4	9	5	18
58	ブルガリア	6	3	0	9
59	エストニア	5	1	0	6
60	フィンランド	3	0	0	3
61	リトアニア	4	1	0	5
62	イギリス	2	1	3	6
63	フランス	1	0	5	6
64	ハンガリー	1	2	0	3
65	ノルウェー	2	0	4	6
66	スウェーデン	4	0	1	5
67	チェコ	1	1	0	2
68	ルーマニア	2	0	0	2
69	スイス	2	0	0	2
70	デンマーク	0	1	3	4
71	イタリア	1	0	0	1
72	ラトビア	1	0	0	1
73	ポーランド	1	0	3	4
74	ロシア連邦	0	1	1	2
75	セルビア	0	1	0	1
76	ウクライナ	1	0	0	1
77	カザフスタン	0	1	0	1
78	キルギスタン	0	1	0	1
79	オランダ	0	0	2	2
80	クロアチア	0	0	1	1
81	オーストリア	0	0	1	1
82	アイスランド	0	0	1	1
	小計	60	26	30	116
	国際学生合計	2,316	235	76	2,627
	国内学生	3,003	19	14	3,036
	ＡＰＵ学生総計	5,319	254	90	5,663

(注) 国際学生とは、在留資格が「留学」である学生をいう。国内学生には、在留資格が「留学」ではない在日外国人を含む。

3 「イノベーションのための七つの機会」と大学のイノベーション
――「ニーズを見つける」

(1)「イノベーションのための七つの機会」

ドラッカーは、『イノベーションと企業家精神』のなかで、周知のように、つぎのような「イノベーションのための七つの機会」を紹介している。

①予期せぬ成功と失敗を利用する
②ギャップを探す
③ニーズを見つける
④産業構造の変化を知る
⑤人口構造の変化に着目する
⑥認識の変化をとらえる
⑦新しい知識を活用する

これら「イノベーションのための七つ機会」のそれぞれについては、同書で具体的なケースにもとづいて詳細に説明されており、またすでに広く人口に膾炙していることなので、ここでは繰り返さない。

(2)「ニーズを見つける」

ここでまず問題にしたいのは、先に紹介したような、私自身が関わった大学のイノベーションは、ドラッカーの「イノベーションのための七つの機会」のうちでどのタイプの機会を生かしたものであろうかということである。

結論的に言えば、それらはいずれも、ドラッカーの言う「ニーズを見つける」ことを基本にしている。

「必要は発明の母」ということばがある。「ニーズを見つける」というイノベーションの機会の意味は、この言葉に集約されている。ドラッカーは、この点で、プロセス上のニーズ、労働力上のニーズ、知識上のニーズなどをその主なものとして挙げている。いずれにしても、あることを実現しようとしたとき、明確に未だ欠落していることがあり、それを実現することによって、事態が大きく改革されることが明確に見通されるとき、その未だ実現されていない懸案がここで言う「ニーズ」である。このような「ニーズ」を見つけ、ここに焦点を絞り、明確な目標を定めて追求するイノベーションは、いわばイノベーションの正道といってよいものである。

ドラッカーはこのタイプのイノベーションには、三つの条件があるといっている。

第一に、「何がニーズであるかが明確に理解されていることである。何となくニーズがあると感じられるだけでは不十分である。」

第二に、「イノベーションに必要な知識が手に入ることである。」

第三に、「問題の解決策が、それを使う者の仕事の方法や価値観に一致していることである。」

その上で、ドラッカーは、「ニーズにもとづくイノベーションは、まさに体系的な探求と分析に適した分野である」とのべている。

そこで今、この間私自身が関わった三つの大学のイノベーションを振り返り、それらが具体的にどのような「ニーズ」発見型のイノベーションであったかを確認してみる。

〔以上、『イノベーションと起業家精神』の邦訳は、Drucker（1985）：邦訳、六八～七〇ページ、による。〕

「大学のまち・学生のまち」京都にシンボルを――「京都・大学センター」設立

五〇近い大学が集積している京都市およびその近接地域で、個別大学の枠を超えて学生が交流し、実際にたとえば自分の大学にはない多様な科目の単位取得が可能になれば、京都に学ぶ学生にとっては大きなメリットになるだろうという声が以前から存在した。また、このような新しい教育環境ができれば、「大学のまち・学生のまち」といわれてきた京都の特色を新たな形で浮かび上がらせることが可能になり、地域振興にとっても有力な資源になるという考え方が出てきていた。このような、大学、地域両サイドからの、地域・大学連携へのニーズの発見が、その発端になった。

「文理融合」の人材養成を――立命館大学ＢＫＣ新展開

まずその発端は、一九九四年、立命館大学における新キャンパスＢＫＣ開設と理工学部の拡充移転にともない、既存の衣笠キャンパスと新キャンパスＢＫＣとの間のキャンパス・アメニティーに大きなアンバランスが生じてきたことである。このアンバランスを調整するために、理工学部に加えてさらにいくつかの学部をＢＫＣに移転し、衣笠キャンパスの教学環境の抜本改善を図る必要が生ずることになった。

他方、ＢＫＣは当初理工学部の規模拡大と教学条件の抜本改善ということで開設されたが、新しい時代に求められる人材養成の課題を考えたとき、それは理工学分野だけで単独に、閉鎖的に行ないうるものではなく、社会、人文分野との交流のなかで開放的に展開される必要があるという声が社会的にも急速に高まってきていた。いわゆる「文理融合」の人材養成の必要である。立命館大学は、新キャンパスＢＫＣへの経済・経営二学部の移転を契機に、このような新しい人材養成に積極的に取り組む仕組みを構築しようと考えた。

一九九八年、立命館大学における経済・経営二学部のＢＫＣ移転とＢＫＣ新展開は、立命館大学におけるこのような二重の教学上の必要を全学が認識したことが、その背景にあった。

「アジア太平洋時代」の国際人材養成を——ＡＰＵ創設

ＡＰＵ創設についていいえば、基本的に二つの「必要」を自覚したことが背景にある。

第一は、立命館大学も含めて、世界のなかでの日本の大学の国際化の遅れである。口では世界に開かれた大学を標榜していても、高等教育就学生数に占める外国からの国際学生数の比率に端的に示されているように（米国五・五％、英国二四・九％、オーストラリア二四・二％に対して、日本は三・三％。いずれも二〇〇五年ないし二〇〇六年の数字）、日本に学びに来る学生が他の先進諸国に比べて著しく低い状況がある。何よりも国際学生の積極的な受入れによって、このような国際交流の遅れを

ＡＰＵキャンパス（大分県別府市）

いかにして克服するかということである。

第二は、より大きな問題で、国際人材養成の必要である。二一世紀は「アジア太平洋の時代」といわれるようになってきているが、いまや、このような新しい時代を担う、国境を越えた、新しいタイプの国際人材が必要になってきている。しかし、現状を見るとそのような新しいタイプの人材を養成する国際的な高等教育の場が、アジアのどの地域を探してみてもまだ見つからない。このような新しいタイプの国際大学が日本で必要とされているのではないかということである。

しかし、当初からこのような自覚が明確に形成されていたわけではない。潜在していたこのような認識を明確な認識として顕在化させる契機となったのは、この大学を誘致した大分県前知事・平松守彦氏と立命館関係者との意見交換の過程においてであった。

立命館　「今度何か新しい大学創設をやるというのであれば、これまでに日本のどの大学もやったことのないようなものでないと、本物のファイトが湧かない。今日本にある四年制大学が一つ増えるような程度の大学づくりだったら、大した意味がない。」

平　松「ではどのような大学だったら、わが国初のユニークな大学と考えるのか。」

立命館「この際、学生の半数を国際学生にするような大学を考えたら、これは確実に日本初ということになる。」

このようなやりとりとそれをフォローする論議のなかで、関係者のなかに上述のような、日本の高等教育をめぐる二つの「必要」の認識が急速に形成され、確信となった。

4 「イノベーションの原理」と大学のイノベーション

(1) 「イノベーションの原理」

ドラッカーは、『イノベーションと企業家精神』のなかで、「イノベーションのための七つの機会」に続いて、実際にイノベーションを実践する上での「なすべきこと」、「なすべきでないこと」、そして「イノベーションを成功させるための三つの条件」を、「イノベーションの原理」としてあきらかにしている。

まず「なすべきこと」として、五つの点を挙げている。

①「イノベーションを行うには、機会の分析からはじめなければならない。」

②「イノベーションとは、理論的な分析であるとともに、知覚的な認識である。」したがって、「イノベーションを行うにあたっては、外に出て、見て、問い、聞かなければならない。」

③「イノベーションに成功するには焦点を絞り単純なものにしなければならない。一つのことに集中しなければならない。……単純でなければうまくいかない。」

④「イノベーションに成功するには小さくスタートしなければならない。大がかりであってはならない。具体的なことだけに絞らなければならない。」

⑤「とはいえ、最後の『なすべきこと』としてイノベーションに成功するには、最初からトップの座をねらわなければならない。……最初からトップの座をねらわない限り、イノベーションとはなりえず自立した事業ともなりえない。」

「なすべきでないこと」として、三つのことを挙げる。

①「懲りすぎてはならない。」

②「多角化してはならない。散漫になってはならない。一度に多くのことを行おうとしてはならない。」

③「イノベーションを未来のために行ってはならない。現在のために行わなければならない。」

さらに「イノベーションを成功させための三つの条件」を挙げている。

①「イノベーションは、集中でなければならない。」「イノベーションとはあくまでも意識的かつ集中的な仕事である。勤勉さと持続性、それに献身を必要とする。これらがなければいかなる知識

も創造性も才能もむだになる。」

②「イノベーションは強みを基盤としなければならない。」

③「イノベーションはつまるところ、経済や社会を変えるものでなければならない。」

〔以上、Drucker(1985)：邦訳、一五六～一六二ページによる。〕

(2)「イノベーションの原理」と大学のイノベーション

私のかかわった大学のイノベーションに際して、これらがはじめからドラッカーの「イノベーションの原理」を念頭においてすすめられたわけではない。したがって、これからのべることは、ほとんどがいわば「後知恵」といえるかもしれない。

しかし、今から振り返ってみると、「イノベーションの原理」として言われていることのほとんどすべてについて、「なるほどドラッカーの言う通りであった」と思い至らされることが多い。いちいちコメントは避けるが、そのほとんどが私自身のイノベーションの実践経験のなかで納得されるものである。

一つだけ幾分違和感を感ずる点を言えば、「イノベーションに成功するには小さくスタートしなければならない」とする点である。ドラッカーはこれを、もし取りかかったイノベーションがうまくいかなかった場合の撤退のリスクを念頭において言っているようである。

しかし、私自身が関わった大学のイノベーションはそれなりに大規模なものであり、ＢＫＣ新展開にしても、ＡＰＵ創設にしても、もしそれが失敗すれば立命館の屋台骨を揺るがすのではないかということがささやかれた類のものであった。またそのように容易ならざるものであったがゆえに、当事者は決死の覚悟でことに当たったたというところがあった。そしてそれが、イノベーション成功の重要な要因であったという思いが強い。

ドラッカーの言う「小さくスタートする」ということの具体的なイメージは、必ずしも明確ではないが、私の経験から言えば、いつでも引き返せる程度のものは実は逆に成功する確率はそんなに高くないのであり、またその程度のプロジェクトは、成功しても大したイノベーションに値するものにはならないのではないか、ということである。

しかし、つぎの、「イノベーションに成功するためには、最初からトップの座をねらわなければならない」という言葉は納得的である。ドラッカーは、プロジェクトの物理的な規模を問題にしているのではなく、いずれにしても、イノベーションというのであれば、「最初からトップをねらえ」、そうでなければ自立した事業としても成功しないということを強調しているのである。この点は、イノベーションの成功を占う重要な点なのである。

実際に大学のいろいろなイノベーションに関わった者からすれば、ドラッカーの「イノベーションの原理」は、イノベーションの実践理論として、大きな示唆を与えてくれるものである。ここでは、私の関わったイノベーションを振り返り、イノベーション実践のいくつかの具体的な教訓を整理してみたいと思う。

5　イノベーション実現の条件――私の経験から

いまドラッカーの「イノベーションの原理」で言われていることを念頭に置きつつ、私自身のイノベーションの経験を振り返ってみると、それらが成功裡に実現できた条件として、つぎのような五つの条件を挙げることができる。

①ニーズの発見
②明快なイノベーション・コンセプト
③組織の共感、社会の共感
④恵まれたイノベーション実現の裏付け
⑤イノベーション実現への執念

以下順次、少し具体的に説明を加えよう。

（1）　ニーズの発見

出発点の「ニーズの発見」については、すでに本章3で、「イノベーションのための七つの機会」との関連でのべたとおりである。

私の経験した「ニーズの発見」についてさらに付言するとすれば、いずれの場合にも、当初は当面の、身近で素朴なニーズから出発しているということである。

「京都で学ぶ学生に独特のメリットを創出できないか」――「京都・大学センター」設立

京都地域には五〇近い大学が集積し、京都は「大学のまち・学生のまち」といわれてきたにもかかわらず、それまで、具体的に個々の大学の壁を超えて何か共同で学生のためになる取組みができていたわけではなかった。何か、そのような取組みができないか。そのようなものができると、「大学のまち」京都としても、大学にとっても、独特のものが打ち出せる。このような素朴な、行政、大学両サイドの思いが出発となっている。このような思いが、当時社会的に必要が叫ばれるようになり始めていた産官学連携による地域振興や、地域・大学連携による、個別大学では満たされない大学改革などと結び付き、社会的により一般性のある、「京都・大学センター」の創設という「ニーズの発見」に高められていくことになった。

「キャンパス・アメニティのアンバランスを調整しよう」――立命館大学ＢＫＣ新展開

発端は、立命館大学において、新キャンパスＢＫＣ開設にともない、さらに既存の衣笠キャンパスと新キャンパスＢＫＣとの間のキャンパス・アメニティーのアンバランスを調整するために、理工学部に加えてさらにいくつかの学部をＢＫＣに移転し、衣笠キャンパスの教学環境の抜本改善を図る必要が生じたことである。しかし、具体的にさらにどの学部がＢＫＣに移転するかという論議のなかで、ＢＫＣを次世代のどのような新しい人材養成のキャンパスとして新展開するかという認識が浮上した。そして、これが、当時社会的にも関心が高まりかけていた「文理融合」という次世代の人材養成の使命を認識することに結びつき、社会的により一般性のある「ニーズの発見」に高められた。

「もう一段の国際化を目指そう」――APU創設

一九九四年当初、立命館サイドの念頭に具体的にあったのは、一九八八年に国際関係学部を開設したとはいえ、社会の国際化の進展は急速で、もう一段の国際化の取組みが必要であろうという、一般的な気持ちであった。このような素朴な、単により一層の国際化への願望を一挙に高度化する契機となったのは、大学誘致を持ちかけてきた大分県前知事・平松守彦氏と立命館関係者との意見交換の過程においてであった。この過程で、立命館関係者の脳裏に潜在していた、より高い大学国際化の課題、来るべき「アジア太平洋時代」における国際人材養成拠点の構築と、それを通して遅れている日本の大学の国際化にブレークスルーを図るという課題への挑戦を明確に自覚させることになった。そしてこれが、日本初の本格的な国際大学APUの創設という「ニーズの発見」を導くことになった。

(2) 明快なイノベーション・コンセプト

イノベーション実現のために、ついで求められることは、発見された「ニーズ」をいかに明確なイノベーション・コンセプトにつくり上げるかということであった。

「単位互換制度」で「京都のまちそのものを大学に」――「京都・大学センター」設立

地域・大学連携のニーズを、「京都のまちそのものを大学に」というコンセプトのもとに、具体的に大学間の「単位互換制度」と、その活動拠点となるべき「大学共同利用施設」の設立をシンボルとする、明快な、しかも夢のある事業計画にまとめ上げた。

大学コンソーシアム京都は、現在は、教育、研究企画、産官学連携、学生交流など、多様な分野にわたる事業を展開しているが、その出発にあっての象徴的な取組みは、大学間の「単位互換制度」であった（現在は教育事業に含まれている）。それは出発時（一九九四年度）でも参加大学二八大学・五一科目、受講登録者延べ一八〇〇名に及ぶ、かつてわが国の大学間では例を見ない大型のものであった。現在（二〇〇七年度）ではそれが発展して、四六大学・五三五科目、受講登録者約八〇〇〇名に及ぶ大規模なものに展開している。それは、数ある事業のなかで、現在でも大学コンソーシアム京都の存在を象徴する事業である。最近では、大学改革の一環として、この大学コンソーシアム京都の成功例に刺激されて、あちこちの地域で単位互換制度の導入が見られる。しかし、このような大規模な地域大学間の単位互換制度は、いまだ全国的にみても他の追随を許さないものがある。

京都には戦前からわが国を代表するいくつもの大学が立地し、市民は自分たちのまちを「大学のまち・学生のまち」と自負してきた。しかし、個別大学を超えて、それを象徴するものは何もなかった。このような状況のなかで、大学間の単位互換制度と大学共同利用施設の開設をシンボル・ビジョンとする「京都・大学センター」設立の提起は、まさに「大学のまち・学生のまち」を象徴する組織を創り上げるものとして、広く支持を得た。それはまた、大学間競争が厳しさをます時代に、個別大学の利害を超えた、新しいタイプの大学改革（大学のイノベーション）の形を世に提起することになった。

「文理融合」キャンパスの構築を目指す――立命館大学ＢＫＣ新展開

当時社会的にも関心が高まりかけていた「文理融合」という次世代の人材養成のニーズ受け止めるシンボル・プロジェクトとして、具体的に「文理総合インスティチュート」という学部横断型の教育プログラムの構築が打ち出された。

「文理総合インスティチュート」は現在、学生定員（一学年）五三〇名の、経済・経営二学部と理工学部にまたがる学部横断型教学プログラムである。近年、あちこちの大学でこのような学部横断型教学プログラムの試みが見られるようになったが、これほど大規模な、本格的な文理融合の教学システムは、いまだ全国的にも例を見ないものである。また、近年見られる学部横断型教学プログラムの試みは、この私たちのＢＫＣでの試みに刺激されたものが多い。

このような斬新な教育プログラムの構築を打ち出したことは、当事者自身にもこの事業を単なる学部移転事業とは次元の異なる、新たな大学教育イノベーションへの挑戦として自覚させることになった。私たちがこの事業を「ＢＫＣへの学部移転」とは言わず、あえて「ＢＫＣ新展開」と言ってきたのは、このことを意識してのことである。

しかし、ＢＫＣの「文理総合インスティチュート」は、本来求められている文理融合の教学システムとして、まだ途上である。また、ＢＫＣ全体のあり様も、ＭＩＴに重ねた文理融合キャンパスの構築からすれば、緒についたところである。これから、私たち関係者の一層の努力が求められている。

わが国初の「本格的な国際大学」を――ＡＰＵ創設

ＡＰＵは、日本の大学の国際化の遅れを克服するという課題への挑戦を、より大きな課題である、「二一世紀・アジア太平洋の時代」の国際人材養成と結合し、当初から国際通用性のある、「本格的な国際大学」として構想された。

そのための機軸に設定されたのは、「学生の半数（五〇％）を国際学生に」、および「英語・日本語二言語による教育システム」という、これまで日本の大学では考えられたことのないコンセプトであった。これらのコンセプト実現のために、現実にはさらに「教員の半数が外国出身者」という実態が作り上げられた。

「学生の半数（五〇％）を国際学生に」というコンセプトについていえば、学生規模が、一学年定員八〇〇名という、当時も、また現在でみても、破格の大きな規模の大学創設であったので、国際学生規模も実際には一学年四〇〇名、四年間で一六〇〇名という、想像を超える計画となった。

「英語・日本語二言語による教育システム」というコンセプトは、わが国の国際学生受け入れのモデルの転換、モデル革新につながった。ＡＰＵではこのコンセプトにもとづき、日本語と並行して、英語による全面的、体系的教育システムを導入しており、これによって日本語能力が入学の前提とはなっていないということである。このことは、ＡＰＵへの入学においては、日本語の壁が完全に取り払われており、事前に日本語ができなくても、英語能力があれば入学を可能にしている。これが、APUに世界中から受験生のアクセスがあり、実際に世界中から学生が入学してくることにつながっている。

すでに見たように、現在（二〇〇七年五月現在）わが国が受け入れている外国からの国際学生は約一二万名であるが、その約八〇％は中国、韓国、台湾からの学生で占められている。しかし、APUの状況を見てみると、これら三つの国・地域からの学生の占めるウエイトは四九％にとどまっており、残りの約半数は世界中の八〇を超える国・地域からの出身者である。

「学生の半数（五〇％）を国際学生に」、「英語・日本語二言語による教育システム」、そして「教員の半数が外国出身者」という三本の機軸コンセプトにもとづく本格的な国際大学の実現は、日本の大学史上、画期的なイノベーションといってよかったが、これらのコンセプトは、予想をはるかに超えて急速に国内的、国際的な支持を引き出すことになった。国内的には、とくに国際人材のニーズの高い企業関係者から大きな支持を受けることになった。また国際的には、アジア太平洋地域をはるかに越えて、全世界の若者にAPUへの関心が拡がっている。

(3) 組織の共感、社会の共感

イノベーション実現のためにさらに求められたことは、以上のように構築されたイノベーション・コンセプトに対する共感を、組織内、および社会的にいかに拡げ、深めることができるかということであった。

この点で決定的に重要な意義を持つのは、イノベーション・コンセプトの明快さとともに、イノベーションが掲げる「大義」である。

組織トップがイノベーションを提起する際、そのイノベーションの大義を組織構成員にいかに納得的に提起できるか、組織構成員がその大義をどれほど深く理解し、共感・共有できるか、これがイノベーションの命運を決めると言っても過言ではない。そしてその課題のイノベーション的性格が際立ったものであればあるほど、その大義の果たす役割が大きなものとなる。これが、直面するイノベーションの課題に対する構成員の自信と誇りと使命感を形成し、力を結束することができるのである。

また、この大義を対外的、社会的にいかに強力にアピールすることができるかどうかが、そのイノベーションに対する社会からの支持や協力を得られる度合いを決定する。

ところで、イノベーションの大義の要諦は何であろうか。

一言で言えば、それはまず何よりも、その課題が当該組織の将来展望の基本線を体現することを明確に示すものでなければならないということである。これが第一である。

このことから必然的に出てくることであるが、イノベーションの大義は、当該組織内の個別利害に関わるレベルを超えるものでなければならない。その逆に、イノベーションが大義を忘れ、狭隘な個別利害のレベルで論議された場合、当初の意図を実現できないか、失敗する。それは、さまざまな個別組織の利害の間で当初の意図が種々の妥協を余儀なくされることが多いからである。

しかし、イノベーションの大義は、さらにそれを担う当該組織の個別利害を超えたものとして提起できれば、これに勝るものはない。これが第二である。イノベーションの大義が、単に個別企業、個別組織の競争の手段であることを超え（つまり「相対価値」を超え）、それが時代の歴史的要請や社会の普遍的利益、「絶対価値」を提案することができるものであれば、組織構成員のより一層大きなエネルギーを引き出すことができるし、とくに社会から得られる支持や協力をより一層大きなものとすることができるであろう。

個別大学の利害を超える新しい教育環境を──「京都・大学センター」設立

この構想は、そもそも最初から、個別大学の利害を超えた、京都地域に存立するすべての大学のための新しい教育環境の創造と、それをとおしての地域振興を大義としてスタートした。

この構想の一方の発端は、京都市行政サイドが主導した「大学のまち・京都21プラン」策定の取組みであった。このプラン策定には、それまで「大学のまち・学生のまち」といわれた京都を真にそのようなまちにすることを二一世紀に向けて将来の「京都のまちづくり」の根幹に据えたいという、高い理想が掲げられていた。

また大学サイドで当初この構想の実現をリードしたのは、七つの大学の学長であった。この七大学の学長は、終始個別大学の利害を超えて、京都地域で全国に先駆けた地域の大学教育環境の創造という夢の実現を大義とし、そのために献身的な努力を果たした。これが、ゆくゆくは京都地域のすべての大学学長の協力を結集する力となった。

このような行政サイド、大学サイド、双方の個別利害を超えた高い志が京都地域の全大学の賛同を得、また広範な市民の理解と支援を背景に、きわめて厳しいといわれた市財政のなかで、大規模な共同利用施設の建設が実現することになった。

既存学部・学科を超えた新しい教育プログラムを――立命館大学ＢＫＣ新展開

この取組みについては、まず基本的に立命館内部の組織的共感と支持をいかに高めるかということが課題であり、具体的にいかにして経済・経営二学部の、衣笠からＢＫＣへの学部移転を全学の理解と支持で実現するかであった。

学部移転の問題は、移転対象の学部とそうでない学部では、当然のこととして実際にかかる負担は天地の差がある。しかしこれを、移転対象学部だけの課題としたなら、この課題は容易に前進しない。まず何よりも、対象学部を決めること自体が難航する。

学部移転の課題は、移転対象学部にとっても、そうでない学部にとっても、将来の大学の発展をかけた課題として、深く論議できるかどうか。これがイノベーションの「大義」として重要なところである。

幸い、このとき私たちは、この学部移転の論議を、新しい時代に向けての人材養成の課題を立命館としてどのように取り組むか、衣笠、ＢＫＣという二大キャンパスができた条件のもとで、そのための学部立地をどのように再編成するか、というレベルの論議を展開し、そのなかから「文理融

立命館大学ＢＫＣ（びわこくさつキャンパス）

合」という方向を確認した。そして、そのような「文理融合」の先進的事例として米国のＭＩＴを念頭に置き、新キャンパスＢＫＣを将来この方向で発展を図ろうという、いわば大義を共有した。

この大義の確立は、全学組織が挙げてＢＫＣ新展開に力を注ぐことにつながった。このような取組みのなかで、ＢＫＣ新展開は衣笠にとっても、新しい条件のもとでのキャンパス新展開の意味を持つことになった。

大学の学部移転の難しさは、さらに対象となる学生の同意・協力を得られるかどうかということである。学部移転は、大学機関の決議だけで実行できるような簡単なものではないのである。

ＢＫＣ新展開についても、経済・経営二学部教授会の決議を受け、つぎに大きな課題となったのは、学生への説明とその理解であった。キャンパス移転は教授会サイド以上に、学生サイドで紛糾するのが通例であった。キャンパス移転は、学生にとってその生活条件の大幅な変更を伴うものであるからである。

結論から言えば、このキャンパス移転が内包する難問は、本学学生の自治組織の的確な情勢判断と学生掌握力によって、これも短期間のうちに解決された。

これも、大学当局が打ち出した、「文理融合」による新しいキャンパス創造というＢＫＣ新展開の大義が、陽に陰に学生たちにも反映された結果であった。

学生自治組織は、対象学生の生活条件にもたらす影響の重さを強調しつつも、このようなキャンパス移転・新展開を梃子として経済・経営二学部の学生の教学・課外活動条件の大幅な改善を新天地で実現しよう（大学に実現させよう）という主張を展開した。彼らは大学サイドのキャンパス移転方針に対して、通常よくみられたような、「反対・白紙撤回」などということを叫ばなかった。これによって、経済・経営二学部のキャンパス移転計画は具体化に向けて大きく前進することになったのである。

この取組みを、単なる学部移転にとどまらない、「文理融合」という新しい人材養成の取組みとして打ち出したことは、さらに広く社会的にも大きな反響を呼んだ。

その一つの象徴的な成果は、ＢＫＣを舞台とする産官学連携の大きな拡がりであった。ＢＫＣ開設・理工学部拡充移転の段階から、立命館はこの新キャンパスの使命に「産官学連携」を掲げ、全国の大学に先駆けてこの取組みを展開した。その成果は、立命館の産官学連携が、その先進モデルとして全国の大学や、政府関係機関から評価されることになった。「リエゾン・オフィス」というコンセプトはもともと立命館が自らの産官学連携を推進するために創り出したものであるが、たちどころに全国の大学が使う一般用語になった。この基盤の上に、さらに「文理融合」を掲げた一九九八年のＢＫＣ新展開は、このキャンパスでの教育・研究活動に対する社会的支持を拡大し、ＢＫＣでの産官学連携を大きく加速させることになった。

「アジア太平洋時代」の日本の国際貢献——ＡＰＵ創設

この取組みにおいては、私たち関係者は、学内的にも、社会的にも、意識的にその意義を単に立命館内の発展計画として位置づけるのではなく、それを超えて、むしろその今日的、社会的な意義を強調した。その意味では、私たちは、ＡＰＵ創設の「絶対価値」（単なる「相対価値」ではなく）を最大限に強調した。

具体的にいえば、この計画を、まず何よりも来るべき二一世紀の地球社会の将来展望、「アジア太平洋時代」の到来という歴史的見通しに立ち、日本の国際貢献のあり方の観点から、とくにアジア太平洋地域における国際的な若き人材養成の拠点の構築、と位置づけた。さらに、それは同時に、グローバルな視野から見てまだ著しく遅れている日本の大学の国際化、国際学生受入れの状況に大胆な突破口を図ろうとするものであることを訴えた。

「ＡＰＵアドバイザリー・コミッティ」「ＡＰＵアカデミック・アドバイザー」の結成　このような、いわばＡＰＵ創設の大義は、当初成り行きを不安視された「とんでもない」計画に、国内的のみならず、国際的に広範な支援の輪を拡げる上で絶大な役割を果たした。とくに国内では、経済状況がいまだ不況を脱出できないなかで、経済界から組織的にも、個人的にも大きな共感をえ、幅広い支援を得ることになった。また国際的には、これから浮上するアジア太平洋地域に求められる国際人材養成の課題に応えるものとして、大きな期待を寄せられることになった。

その象徴が、国内外の経済界、政界、官界、外交界、教育文化界の要人を網羅した「ＡＰＵアドバイザリー・コッミティ（ＡＣ）」の形成、および何人ものノーベル賞受賞者を含む、国内外の著名な学者、研究者による「ＡＰＵアカデミック・アドバイザー（ＡＡ）」組織の構築であった。

ＡＣには、国内外三〇〇名近いメンバーが参加することになった。これらのＡＣメンバーは、メンバーが所属する企業や組織を通して、後に紹介するような国際学生に対する奨学金ファンドを形成する点で、絶大な貢献を果たした。

また六〇名近い世界的に著名な学者の参加したＡＡは、まだまったく実績のない新設の国際大学の名前と信頼を一気に世界に広め、定着するのに大きな貢献を果たした。

私たちは、ＡＣやＡＡに参加された企業のトップリーダー、国内外の著名な学者の個々の方々に支援をいただくと同時に、組織的にも破格の支援をいただいた。とくに、新大学設置の文部省（現、文部科学省）申請に際して、日本の経済界を組織的に代表する経済団体連合会（現在の、日本経済団体連合会）が組織として、時の文部大臣に「立命館アジア太平洋大学の設置に関する要望書」を提出した。当時はまだ高等教育に対する規模規制が厳しかったが、その中でＡＰＵの申請は収容定員規模でも、受入れ国際学生規模でも「前例にない」ずくめのものであったので、大学設置審議会での論議の難航も予想された。このようななかで、経団連のこのバックアップはこの上なく力強いものであった。ＡＰＵの設置申請は申請の内容そのものだけではなく、その支援のレベルも「前例のない」ものだったのである。

今井敬会長の名前で文部大臣宛に出された要望書は、ＡＰＵについての意義と期待をつぎのように唱っている。

「二一世紀における世界のなかの日本、アジアの中の日本の役割を考え、また三〇年、五〇年という長い期間でアジアと世界の将来を考えたとき、国際感覚をもち真に平和と繁栄を実現していくリーダーたる人材を育成することが極めて重要になっております。立命館アジア太平洋大学創設の目的、理念、また構想の壮大なるところは国家的事業ともいえますが、私学と地方公共団体が一体となり、そして民間企業が支援し、アジア太平洋地域との協力関係をつくりあげるという新しい形態に積極的な意味があるといえます。

立命館アジア太平洋大学の設置は、我が国の高等教育の発展のためにも大きな意義をもち、二一世紀に活躍する人材を育成する本格的な国際大学の創設に対して、本連合会としても大いに期待を寄せているところです。」

このような国内外の社会的な期待は、当然また、学内的にも反映し、組織構成員の自信と誇りと社会的使命感を高め、組織の力を結束する上で大きな役割を果たした。

教職協働による国際学生確保の海外活動

学内では、ＡＰＵ創設計画に対して、多くの人々に当初とまどいや不安がなかったわけではない。しかし、この計画にむしろ学外で大きな期待の声が上がり始めるとともに、学内でも積極的な協力の輪が拡がることになった。

その象徴は、一九九七年の夏から取組みを始めた、国際学生確保のための海外活動への全学教職員の参加であった。

ＡＰＵ創設にあたってさまざまな準備作業が必要であったが、そのなかで、この新大学にとって最も重要であり、しかも最大の難関は、毎年四〇〇名の国際学生を確実に確保することであった。この点は私たちの新大学計画を文部省、大学設置審議会で認めてもらうためにも、どうしても突破しなければならない課題であった。

私たちは、このためにいかなる行動計画、行動システムを確立するかを考えた。このとき、私たちはアジアを中心に世界の教育機関、高等学校と国際学生派遣の推薦協定を締結する。毎年一名の推薦派遣の協定を四〇〇校と結べば、毎年四〇〇名の国際学生の確保を実現できる、ということに思い着いた。このアイデア自体は、コロンブスの卵のようなもので、単純にして、明解なものである。誰も否定のしようのないものである。問題は、これをどうして実現するかであった。それは私たちの行動力に全てかかるものであった。

私たちは、一九九七年夏、まずアジアを中心に一三国・地域にそれぞれ教員と職員三～四名のチームを、合計四五〇位の高校・教育機関に派遣することにした。さらに、このような活動をアジア地域以外にも拡げつつ、九八年春以降も展開した。この間、私たちが直接海外行動を展開した国・地域は二〇を超えた。

この教員・職員チームによる海外行動には、合計二〇〇名を超える教職員が積極的に参加した。これは、「教職協働」をその伝統的組織風土とする立命館においてもかつて経験のない取組みであった。

このような国際行動の結果、一九九八年秋の第一次申請時には、七〇〇を超える高校・教育機関との交渉を踏まえて、約二五〇の推薦協定を準備することができた。推薦協定にもとづく推薦学生数は、四〇〇名をはるかに超えるものとなった。

(4) 恵まれたイノベーション実現の裏付け

いかに明確なイノベーション・コンセプトが構築され、それに対して組織内でも、社会的にも強い共感を獲得できたとしても、これだけの事業を実現しようとすれば、生半可な物理的、資金的条件では立ち行くものではない。その実現には、相当に恵まれたイノベーション実現の物理的、資金的裏付けが必要とされた。

大学共同利用施設「キャンパスプラザ京都」――「京都・大学センター」設立

この取組みはもともと大学、行政共同の作業としてすすめられた経過があり、財政的には事業課題に対応して双方応分の負担が条件とされた。地域・大学連携の組織母体としての「京都・大学センター」の運営については基本的に大学が在籍学生数に応じて負担する形で出発した。

しかし、この組織の永続性を確立するためにも、大学共同利用施設の建設が実現の決め手とされた。一九九二年に策定された「大学のまち・京都21プラン」のなかで、その執筆に関与した私自身、一番実現が不安だったのは、この大学共同利用施設の実現であった。同プランに盛られた各種の計画は概ね実現に自信があったが、漏れ聞く京都市の財政状況などを耳にするにつれ、当初七〇億円とも想定された共同利用施設の実現だけは、大丈夫だろうかと案じた。

しかし、この施設は、一九九八年から京都駅前で建設が始まり、設置者である京都市が一〇〇億円を超える総事業費を投じて、二〇〇〇年九月に完成し、「キャンパスプラザ京都」としてオープンする運びとなった。この共同利用施設の実現によって、「京都・大学センター」、さらにこれが発展した「財団法人大学コンソーシアム京都」の活動基盤は安定したものとなった。

今日、「キャンパスプラザ京都」が「大学コンソーシアム京都」の活動拠点としてだけではなく、京都におけるさまざまな教育・文化活動の舞台として盛んに活用され、京都市民に愛されているのをみると、一九九二年に策定された「大学のまち・京都21プラン」の実現にかけた京都市当局の強い思いに深い敬意を禁じえない。

新キャンパスでの教学条件刷新をめざす大型投資——立命館大学ＢＫＣ新展開

この取組みでは、「文理融合」というその理念の実現のためにも、実際にはまずその前提となる経済・経営二学部の物理的な移転事業を実現しなければならなかった。しかも、単純な移転ではなく、施設条件面でも、学園経営に責任を持つ常任理事会は、抜本的な改革を約束した。それがとく

キャンパスプラザ京都

に学生たちとの約束であった。新キャンパスＢＫＣを自分たちの力で新しい教学と生活の場を切り拓きたいという当時の学生自治組織の熱意に常任理事会は応えた。実際に学生たちも、期待に応えて、新キャンパスを盛り上げるために、また地域社会と大学との連携を深めるために、新天地で大いに奮闘した。

もとよりＢＫＣ新展開は、すでに一九九四年に開設され、理工学部が拡充移転を果たしたＢＫＣを前提にしていた。一九九四年に開設したＢＫＣそのものが、滋賀県との大型の公私協力により無償供与された、破格の広大な敷地の上に、立命館としてかつて敢行したことのない大規模な施設投資を行って実現したものであった。

このような条件の上に行われた経済・経営二学部の移転とＢＫＣ新展開は、新たな条件改革投資を加えて、きわめて恵まれたイノベーション実現の条件を得たものであったといえる。

地方自治体との大型公私協力、経済界の国際学生支援――APU創設

ＡＰＵ創設は、ＢＫＣ新展開の場合をさらに上回る恵まれたイノベーション実現の条件を確保した。その第一は、ＢＫＣ開設を上回る大型の公私協力の獲得である。第二は、国際学生支援に向けての、とくに日本経済界の支援である。

地方自治体との大型公私協力　第一に、ＡＰＵの開設は、それが大分県別府市で行われたことに象徴されるように、大分県および別府市との、ＢＫＣ開設を上回る大型の公私協力によって実現した。具体的に言えば、別府市が土地を無償提供し、大分県が施設設備に対する大幅支援を行うという協力関係があって、ＡＰＵが誕生した。

もとより、私たち立命館側を動かしたのは、単なる財政的な条件の問題ではない。一九九四年当時、ＢＫＣ開設、理工学部拡充移転を果たし、二一世紀を迎えるまでにさらにもう一つなにか新たな大学の展開、とくに国際化の展開を模索していた私たちにとって、アジア太平洋地域をベースに地域外交を積極的に蓄積してきている大分県・平松守彦知事から、アジア地域との国際交流に特徴を持った大学を共同で創らないかという誘いは、歴史的にもアジア地域との交流の拠点である九州での大学設置であるという点と合わせて、将来への大きな可能性を感じさせるものであった。

しかし、私たち立命館は私学である。国際交流の大きな志の一致と同時に、その実現を裏付ける現実的な財政上の大型協力の実現があってこそ、大分県でのＡＰＵ創設が実ったのである。

経済界の国際学生支援　第二に、日本経済界から提供された国際学生に対する支援、奨学金ファ

ンドの形成である。

日本への国際学生受入れを促進するにあたっての一つの大きな壁は、「経済生活条件の壁」である。どれだけ日本留学を熱望し、学力的、言語能力的に入学条件を満していても、日本での生活を保障する経済条件が整わなければ、留学は無理であることはいうまでもない。この点で、日本への留学を希望する学生の圧倒的に多くが発展途上国・地域出身者であるのに対し、日本での生活費が世界の中でも抜群に高いという二重の壁が日本への留学には立ちはだかっている。この壁をいかに克服して、優秀な国際学生を迎えうるかという問題がある。

これらの現実的な問題への対応は、結論的に言えば、いかにして、国際学生に対する奨学金等の経済支援を用意しうるかという問題に帰着する。私たちは、優秀な国際学生を受け入れるためにも、自前の奨学金ファンドを用意しなければならなかった。しかしこれは、その間の一般的な経済情勢から考えても理解されるように、相当な難題であった。また一定のファンドをつくることができても、この間の超低利子状況の下では、利子運用による奨学金形成はまったく不可能であり、奨学金の継続的な準備は至難の課題であった。

しかし、私たちは、先々までの継続性の見通しまではともかく、当面新大学へ立ち上げの一定期、優秀な国際学生の確保を保証しうる、ある程度の規模の奨学金ファンドの形成は不可欠の条件であった。

このAPU国際学生対する奨学金ファンドの準備のために、日本経済界の有志企業の果たした役割は絶大なものがあった。APUに対する国内外の支援を実現するために「APUアドバイザリー・コミッティ（AC）」が結成されたことは先に紹介したが、このACに参加した日本企業のトップリーダーの企業各社を中心に、幅広いAPUサポーティング・グループが形成された。この幅広いAPUサポーティング・グループの高志を得て、私たちはAPU開学までに四〇億円を超える奨学金ファンドの形成を見通すことができるようになった。

さらに、政府、地方自治体、民間諸機関、学園教職員など、さまざまな領域からの支援の輪を結集することによって、少なくとも開学後一〇年近くの間は、外国からの国際学生に対して、APU独自の相当に手厚い経済支援を提供することが可能となった。

日本国内から見ていると、一般にはあまり知られていないかも知れないが、アジアからあるいはアフリカから、外国への留学を目指す優秀な学生に対しては、世界の有力大学が、豊富な奨学資金を用意して人材確保に鎬をけずっている。優秀な学生に対しては、世界のいくつもの有力大学から入学の誘いがかかり、優秀な学生はその誘いの中で最も有利な条件を確保して自分の希望を果たしているという現実がある。

外国からの国際学生の受入れ作業に具体的に入っていくにしたがって、そのことの重さが実感として切実に感じられるようになった。さらにそれは、APUがそのステータスを確立していくにしたがって、優秀な学生を確保しようとすればするほど、厳しいものとなってきている。優秀な国際学生を合格させても、提示できる奨学金等の条件で、米・欧や最近ではアジア地域の有力大学との競争に負けることは、その学生が優秀であればあるほど、ありうることであり、そのような時のくやしさは、なんとも言えないものがある。日本の大学が本格的に国際的なものであろうとする際の、文字どおり国際競争の厳しさを実感させられる瞬間である。

しかし、最近では、逆に世界でも例のないAPUの持つ多文化性、国際性の高さを評価して、米・欧の有力大学よりもこちらを選んでくれる学生が増えてきている。その際、APUそのものの持つ国際的特徴の優位性と同時に、やはり現実問題としてAPUで有している固有の奨学金ファンドが大きな威力を発揮している。APUには現在、「日本語の壁」を超えることによって他の日本の大学の国際学生とは質の異なる学生が入学してきているが、さらに日本経済界の有志企業の高志による奨学金ファンドを運用することによって、米・欧の有力大学への入学条件を十分有する学生が多数入学してきている。

このような条件をAPUが構築する上で、ACメンバー並びにAC企業が果たしている貢献は、きわめて大きなものがある。それは、一つの大学としてのAPUに対してはもちろんであるが、大局的にみて日本の高等教育の国際化、日本が海外の優秀人材を確保する上で画期的な役割、貢献を果たしていることが、もっと強調されなければならない。事実、二〇〇七年度までにすでに四年間にわたって卒業生を輩出しているが、APUの国際学生の卒業生たちは、大学院進学者を除いて企業就職希望者の多くが、日本の学生にとっても難関の日本の有力企業に就職を果たしている。

（５）イノベーション実現への執念

明快なイノベーション・コンセプトが構築され、それに対する組織的、社会的な共感が獲得され、さらにイノベーション実現のための物理的、資金的な裏付けが得られれば、これでそのイノベーションの実現は万全と思われるであろう。しかし、現実には、それだけの条件が整っていても、イノベーション事業の進行の過程にはまだ、当初予想しなかったような大小さまざまな障害が生じてくるのが常である。そのような障壁の前に、イノベーションの実現を追求するかどうかの瀬戸際に追い込まれることも稀ではない。ここで粘り抜けるかどうか。イノベーションの実現は、実はそこからが勝負であるといっても過言ではない。

「何としても一九九四年四月に正式発足させよう。」――「京都・大学センター」設立

この取組みは、今から振り返ってみると、行政サイドと大学サイドの呼吸がうまくかみ合い、また大学サイドの協調関係もしっかりしていて、全体として順調に発足に漕ぎつけたように思う。多分、この種の取組みでは、稀にみる順調さだったのではないか。

当時、運営委員の一人として、執念を持たざるを得なかったことの一つに、発足時期をめぐる論議があった。一九九三年七月、大学サイドは、設置準備会ができた以上は、速やかにセンターの正式発足にもっていきたいという意向であった。しかし、京都市当局は幾分慎重で、もう少し社会的な環境が熟すの待つべきではないか、という気持ちであった。具体的に、その最大の背景は、国立大学の動きであった。当時国立大学の動きは重く、とくに京都大学はなかなか「京都・大学センター」

の計画に乗ってこなかった。

「京都では、この種のことに京都大学が入ってこないようでは、計画自身が成功しないのではないか」という気分が市当局には強かった。

このような状況のなかで、私たち運営委員会のレベルでは、このセンターは「何としても一九九四年四月に正式発足させよう。京大を待っていたらいつになるかわからない。このような取組みは発足を先延ばしにしたら、また何か障害が出てこないとも限らない」という危機感があり、何としても九四年四月に発足させたいという執念があった。

大学サイドは、その推進主力が私学であったが、幸い、学長間の論議は「この度の計画は、まずは速やかに発足させることが先決。私学主導でも発足させよう。動き出せば、京大もついてくる」という考えでまとまっていた。

京都大学は態度を保留していたが、「京都・大学センター」は予定どおり、一九九四年四月、正式に発足した（現在では、「大学コンソーシアム京都」に、京都大学も参加している）。

今日の「大学コンソーシアム京都」の発展を念頭に、今振り返れば、あのとき京都大学の参加問題に躊躇せず、センターを果敢に発足させた準備委員会（センター設立を目指す大学学長の集まり）の決断は、まさに正解であったと実感している。

「文理総合インスティチュート」の構築——立命館大学ＢＫＣ新展開

この取組みも、二学部七〇〇〇名の学生を一挙に都市郊外に移転させるという計画の規模と性格からすれば、全学の理解と強力な支援・協力があって、比較的順調に実現に漕ぎつけたという実感がある。

さまざまな側面を持ったこの計画の推進のなかで、推進の責任者として最も執念を燃やしたのは、ＢＫＣ新展開の要、「文理融合」の教学システムづくりであった。

この種の作業の難しさは、各学部がそれぞれの学部の教育ディシプリンにもとづいて完結したカリキュラムを発展させようという強い志向をもっているのに対して、学部を超えた、横断的な新しいディシプリンの教育システムを優先的に構築させようとすることにある。

この作業は、総論は賛成されても、実際に個々の科目をどう再編するか、人的配置をどうするかという各論になると、これまでの個々人の経験を超える幾多の試みに挑戦することを求められることになり、さまざまな抵抗が生じてくる。

しかし、この取組みは、各学部レベルのカリキュラム改革より優先して共通のカリキュラムを打ち出せるかどうかが勝負である。各学部レベルで取り込んでしまった後の、残りの要素で新しいカリキュラムを組もうとしても決してよいものはできない。

幸い、ＢＫＣ新展開では、理工学部と経済・経営両学部の理解と志があって、ファイナンス、環境デザイン、サービスマネジメントという三つの系統の教学資源を共有する、学部横断の教育プログラム、「文理総合インスティチュート」を構築することができた。

しかし、ＢＫＣの「文理総合インスティチュート」は、本来求められている文理融合の教学システムとして、まだまだ途上である。このような学部間複合的な教育プログラムの発展には、個々の調整課題の粘り強い実現が必要である。と同時に、創設時の「大義」、志に絶えず立ち返る努力が不可欠である。この種の取組みの発展にとっての最大の危険は、個々の調整課題の難しさに紛れて、その「大義」、志を忘れるときであろう。

「国際学生比率五〇％」、「国際学生毎年四〇〇名受入れ」の実現——APU創設

前の二つの取組みとは対照的に、APUの実現は、これまでに見たような、種々の恵まれた条件に支えられたとはいえ、全体として、いわば実現への「執念」の塊のようなものであった。この執念は、さまざまな困難、抵抗が生起してくればくるほど、強くなっていく類のものであった。

「国際学生比率五〇％」実現　その第一は、何といっても、APUを特徴づける、「学生の半数を外国からの国際学生で構成する」というコンセプトの実現であった。

このコンセプトが念頭に浮かんだ経緯は先にふれたが、このコンセプトが浮かんだとき、私たち関係者は、直感的に、これが実現できれば「絶対に大きな価値がある」と考えた。

当時文部省は、一八歳人口が減少期に転換した状況の下で、大学新設に厳しい抑制をかけていた。そのもとでは、尋常な設置申請、しかもつぎにのべるような大規模な申請は、認可の見込みの困難が予想され、申請するなら何か相当に特色のあるものでなければならなかった。そのようなことも、この大胆なアイデアに魅力を感じた理由であった。

しかし、このコンセプトをめぐっては、一学年学生定員八〇〇名という申請規模から帰結する毎

年四〇〇名の国際学生確保という課題の重さから、学内外から、もっと段階的に実現を目指したらどうか、という声も上がった。実際に文部省の事前指導の場でも、最初は二〇％とか二五％程度から行ったらどうかとアドバイスを受けた。しかし、この「学生の半数を国際学生」というコンセプトに「惚れ込んだ」私たち取組みの直接の関係者は、何としてもこれを実現しようと執念を燃やした。

ＡＰＵに関心を持つ方々からいまでもこのコンセプトの由来を聞かれることが度々ある。実際のＡＰＵの創設経過を振り返ると、いろいろな条件に恵まれたが、何よりもこのコンセプトに惚れ込んだ者たちが、「何としてもこれを実現しよう」と執念を燃やしたがゆえに、これが本物になったのではないかと、いま私は思い返している。

当時、わが国の大学では、一般に国際学生の受入れは国内学生受入れ規模に対する補完としてすすめられてきていた。文部省サイドでも、諸大学での受入れをそのようなものとして見ていたと思われる。

しかし立命館は、ＡＰＵでの国際学生受入れをまさしく正面から受け止め、人材養成における国際貢献とわが国の大学国際化の新境地開拓を使命として掲げた、「本格的な国際大学」としてＡＰＵを構築しようとした。このわが国最初の本格的な国際大学は、省みれば、こうして当初立命館と大分県のトップ同士の会話が生み出した「夢」に惚れ込んだ者たちの、人材養成における国際貢献とわが国の大学国際化にかける、いわば「執念」が結実していったものといえる。

「入学定員（一学年学生定員）八〇〇名」確保

第二は、当時学生定員の抑制下で、何としても入学定員八〇〇名を確保することであった。

APUの特徴を語るとき、「国際学生比率五〇％」が強調されるが、もう一つ重要なのは、この点である。学生定員八〇〇名が設定されることによって、実際に「毎年四〇〇名の国際学生」を迎えるという課題が浮かび上がるからである。

APUの設置申請の準備に入った一九九〇年代後半、文部省の高等教育政策は、一八歳人口の減少期を迎えて定員抑制基調の最中にあった。文部省にとって、この時期に一つの新大学のために八〇〇名という定員純増を認めるなどということは「とんでもない」ことで、そもそもこの時期にこのような規模の申請を提出するということ自体が「非常識な」ことと思われた。

しかし立命館にとっては、この規模はどうしても譲れないものであった。それは、立命館は私学であり、各学部もそれぞれ財政的自立を目指しており、新大学APUも当然、財政自立の条件を絶対に必要としていた。

それでは、新大学が完成後財政的に自立する条件とは何か。それには、財政の七〇％を学費に依拠する今日のわが国の大学状況のなかでは、学生規模の確保が最大の保証であった。具体的に言えば、今日の私立大学の平均学費水準を想定すれば、二学部から成る一つの大学を自立的、安定的に運営するためには、どうしても学生数一学年八〇〇名が必要であるというのが、私学関係者のこの間の経験則であった。私たちにとっては、入学定員八〇〇名の確保は、財政自立上、至上命令であっ

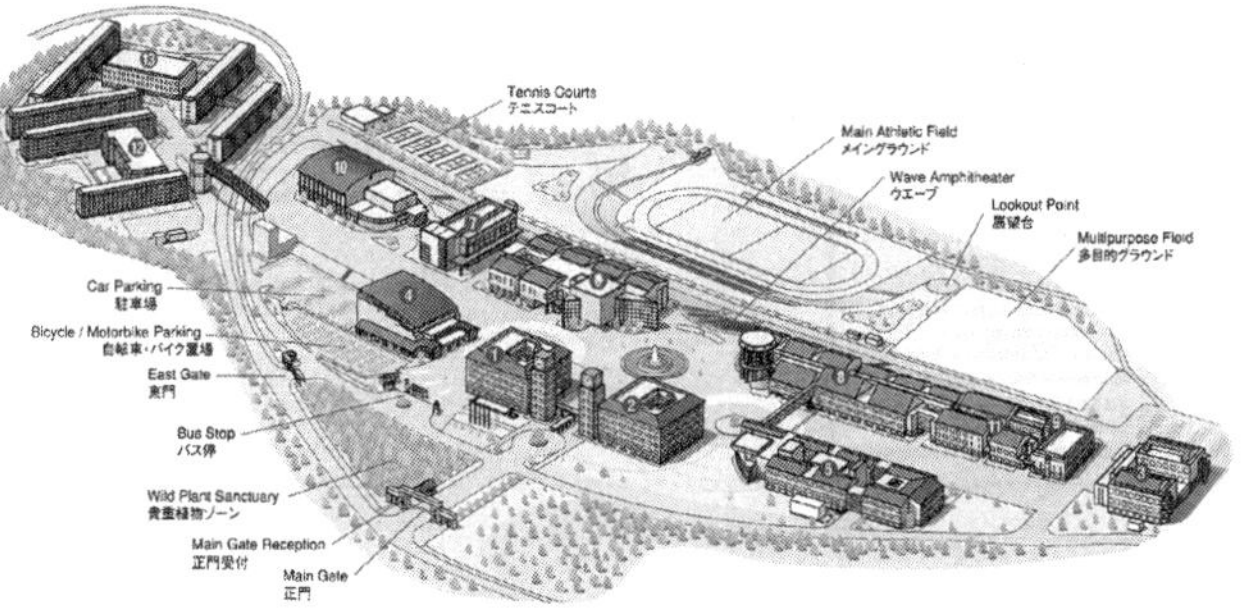

APU キャンパス〔大学案内・Crossroads より〕

た。

　この入学定員八〇〇名をめぐる文部省との事前折衝は、難航を窮めた。一九九五年、九六年中の折衝は、延々平行線を辿った。

　しかし、一九九七年に入り、思いがけない形で事態が拓けることになった。それは、文部省の高等教育政策の変更で、大学設置規模を規制する各都道府県の高等教育収容率が、これまでの二〇％から三〇％に緩和されることになったのである。これによって、収容率が三〇％に到達していなかった大分県では、設置申請する大学・学部の規模が大幅に緩和されることになった。私たちが申請を予定していた一学年八〇〇名という、これまでほとんど前例のない規模も、この規制緩和で無理なく通過が可能となった。この問題は、当初私たちを大いに悩ませたものだけに、この規制緩和には本当に救われた思いがした。

　しかし、これでいよいよ、「国際学生毎年四〇〇名」の実際の確保が勝負となってきた。

「毎年四〇〇名の国際学生」受入れ実現

第三の課題は、この、毎年四〇〇名という大きな規模の国際学生受入れの実現であった。

現在では、「留学生受け入れ一〇万名計画」も実現され、来日している国際学生数も一二万名に達するところに来ている。しかし、APU開設準備が本格化する一九九七年当時、日本への国際学生総数は五万名を少し超えた程度で、しかも対前年度人数が減少しているような状態であった。

さらに、一九九七年夏以降、周知のようにアジア全域が通貨危機、経済困難に見舞われ、経済のみならず、社会全体として大きな混乱に陥った。新大学の準備がいよいよ本格化するところで、ちょうどこのアジア経済危機に遭遇することになった。

そこで、周りの人々は、立命館の画期的な国際大学の開設計画の成り行きを大いに危惧することとなった。ある人は「時代が悪い。もう少し時期を延ばしてアジア経済の回復を待ったらどうか。今の状況ではとても留学生は集まらないだろう」とか、「計画をもう少し縮小したらどうか」と忠告してくれた。また一部の人々は、「この計画はおもしろいが、もう駄目だろう」と論評した。

しかし、計画を推進していた立命館や大分県の関係者は、「今次のアジア経済危機は、確かに未曾有の深刻な危機である。しかし、そんなに遠くない時期に必ず回復する。たぶん三年後の二〇〇〇年、つまりAPUの開学時期には、アジア経済は回復軌道に乗るであろう」と楽観的に考えた。状況は、実際にはおおむねそのような方向に展開することになったのであるが、当時はとにかく具体的にどのようにして、毎年四〇〇名の国際学生を確保するか、その仕組みをどうするかが大問題であった。

このとき、私たちは、改めて文部省大学設置事務室での係官とのやりとりを思い返した。「とにかく、毎年四〇〇名の留学生を受け入れられることを明確に示して下さい。」

「毎年四〇〇名の留学生受け入れができるのか」を「明確に、納得的に」示すにはどうしたらよいか。

このとき、先にものべたように、私たちが思いついたのは、アジアを中心に世界の高等学校・教育機関と国際学生派遣の推薦協定を締結する。毎年一名の推薦派遣の協定を四〇〇校と結べば、毎年四〇〇名確保を実現できる、というアイデアである。

「四〇〇校各一名」という数はそれほど大した数ではないともいえる。しかし、世界のまだ何の接触もない高等学校とそんな関係が結べるのだろうか。不安がよぎらなかったといえば嘘になる。

私たちは、一九九七年夏以降、アジア太平洋地域はもとより、北米、南米、欧州にも足をのばし、教職員のチームが高等学校・教育機関との推薦協定締結行動を精力的に展開した。この間、私たちが直接海外行動を展開した国・地域は二〇を超えた。このような国際行動の結果、一九九八年秋の第一次申請時には、約二五〇の高校・教育機関と推薦協定を締結することができた。

この学生推薦協定は、文部省の設置認可当局に対しては、国際学生確保についての絶大な説得材料となった。これによって私たちは、設置申請に対する国際学生確保の壁も何とか突破できる可能性をつかむことができた。

しかし、国際学生確保問題は実際にそれを実現できるかどうかが勝負であり、一度協定を結んだからといって、その約束をその通り果たしてもらえるかどうかはわからなかった。「協定はあるが、今年は希望者がいない」と言われれば、それまでである。一九九八年以降、私たちは直接訪問も含めて、さまざまな形で綿密な接触を図りつつ、協定内容の実現のためにきめ細かな努力を重ねた。

このような海外学校・機関との接触を密なものとするために、一九九八年五月と一一月に、韓国・ソウルとインドネシア・ジャカルタで現地事務所を開設した。これらの事務所は現地の高校や国際学志願生との継続的、系統的な接触を図る上で現在も大いに威力を発揮している。

ソウルやジャカルタのように組織的な事務所体制までをとれなかったインド・ニューデリーとタイ・バンコク、台湾・台北では、個人の協力者が協力協定の下に事務所機能を果たして、それぞれの国・地域からの優秀な国際学生確保に大きく貢献を果たしてくれた。

このような、国際学生確保のためのさまざまな努力や協力関係が結実して、二〇〇〇年四月の開学時には予定の二〇〇名（APUの国際学生はさらに九月に半数程度が入学する）を超える約二五〇名の国際学生が、実に三〇の国・地域から入学してきた。約束しているとはいえ、新設の日本の大学に本当にこれだけの国際学生が来てくれるのだろうか——入学式の直前まで関係者は内心不安であった。予定どおりの各国からの国際学生が色とりどりの民族衣裳で入学式に揃ったのを確認したときの関係者のよろこびは、何ものにもかえ難いものであった。

こうして獲得したノウハウを核にして、APUの国際学生確保システムは順調に発展してきている。二〇〇七年一〇月現在、ＡＰＵには世界八二の国・地域より二六〇〇名を超える国際学生が在籍している。

国際学生のための奨学金ファンド構築　第四は、優秀な国際学生を確保するための奨学金ファンドの形成であった。

すでに触れたように、日本への国際学生受入れを促進するにあたっての一つの大きな壁は、「経済生活条件の壁」である。この点で、日本への国際学を希望する学生の圧倒的に多くが発展途上国・地域出身者であるのに対し、日本での生活費が世界の中でも抜群に高いという二重の壁が日本への国際学には立ちはだかっている。この壁をいかに克服するかという問題である。

さらに国際的には常識であるが、アジアから、あるいはアフリカから、外国への国際学を目指す優秀な学生に対しては、世界の有力大学が、豊富な奨学資金を用意して人材確保に鎬をけずっている。ＡＰＵが本気で国際舞台で優秀な学生を確保しようとすれば、さらにこのような条件競争に鎬をけずるだけのファンドの準備が必要であった。

すでにみたように、ＡＰＵがこのような条件を整備するうえでとくに日本経済界の企業各社の支援が絶大な力となったが、それを支えたのは、「ＡＰＵアドバイザリー・コミッティ（ＡＣ）」の存在である。実際に、私たち関係者は、このＡＣの構築と発展に大きな努力を注いだ。

ＡＣは、二〇〇七年四月現在、名誉委員（現ないし前・元の各国元首、大統領、首相クラスのメンバー）八名、国際委員（日本国外の外国著名人。ただし学者、大学関係者は別途、アカデミック・アドバイザーとして組織している）一一名、大使委員（現職駐日大使）六二名、国内委員二〇六名、合計二八七名のメンバーより成り立っている。

ＡＣのなかで、現在のところ、直接奨学金ファンドの形成に関わっているのは、二〇〇名を超える国内委員である。

一九九五年九月二五日、学校法人立命館と大分県、別府市の三者による新大学開設の合意調印、社会発表と前後して、私たちは新大学ＡＰＵ開設の社会的支援組織、ＡＣの立ち上げに取り組んだ。まず取り掛かったのは、国内委員の委嘱であった。

この取組みは、それまで日本の大学の中では、産官学連携など社会的接点を比較的大きく拡げていた立命館にとっても、これまでにない経験であった。

たくさんの、とくに日本を代表する企業や各界組織のトップリーダーにＡＰＵ開設の目的、趣旨を説明し、支援をお願いする作業のなかで、私たちが感動したことは、圧倒的多数の方々が、日本の高等教育機関として人材養成の面から国際貢献したいという私たちの熱意や、日本の大学の国際化に新しい境地を拓きたいという私たちの気持ちに率直に同感、賛同して下さったことである。とくに、ＡＣメンバーとして参加したトップリーダーの率いる企業は、当時の特段に厳しい経済環境のなかで、奨学金ファンドの形成にも積極的に協力して下さった。

おわりに

ドラッカーの「イノベーションの原理」を念頭に置きつつ、私自身が関わったイノベーションの経験を振り返ってみると、それらが成功裡に実現できた条件として、具体的につぎのような五つの条件を挙げることができる。

①ニーズの発見
②明快なイノベーション・コンセプト
③組織の共感、社会の共感
④恵まれたイノベーション実現の裏付け
⑤イノベーション実現への執念

このことを、私が関わった大学のイノベーションの経験に即して、本章で具体的に説明した。イノベーション実現のためのこれら五つの条件は、私の狭い経験から導かれたものであり、普遍性を持つものかどうかは、もっとたくさんのケースで確かめることが必要であろう。しかし、一般的にいって、イノベーションといわれるべきものが実現するためには、少なくともこれらの条件が満たされる必要があることは、多くのケースで納得されることと確信している。

【参考文献】

Drucker, P. F.(1950), *The New Society—The Anatomy of Industrial Order*：現代経営研究会訳『新しい社会と新しい経営』ダイヤモンド社、一九五七年

Drucker, P. F.(1954), *The Practice of Manegement*：上田惇生訳『現代の経営（上・下）』ダイヤモンド社、二〇〇六年

Drucker, P. F.(1969), *The Age of Discontinuity—Guidelines to Our Changing Society*：上田惇生訳『断絶の時代』ダイヤモンド社、二〇〇七年

Drucker, P. F.(1985), *Innovation and Entrepreneurship—Practice and Principles*：上田惇生訳『イノベーションと企業家精神』ダイヤモンド社、二〇〇七年

大学コンソーシアム京都（2004）『設立一〇周年記念誌』

京都市（1993）『大学のまち・京都21プラン』

中村清（2001）『大学改革・哲学と実践——立命館のダイナミズム』日経事業出版社

大南正瑛・川本八郎（対談）（2007）「ＢＫＣ開設・理工拡充移転を振り返って」『立命館百年史紀要』第一五号

坂本和一（1991）『二一世紀システム——資本主義の新段階』東洋経済新報社

坂本和一（2003）『アジア太平洋時代の創造』法律文化社

坂本和一（2006）「立命館アジア太平洋大学（ＡＰＵ）創設を振り返って——開設準備期を中心に」『立命館百年史紀要』第一四号

坂本和一（2007）『大学のイノベーション——経営学と企業改革から学んだこと』東信堂

■著者紹介

坂本和一（さかもと　かずいち）

1939年生まれ。

現在　立命館大学経済学部教授、経済学博士

主要著書

『大学のイノベーション――経営学と企業改革から学んだこと』2007年、東信堂

『アジア太平洋時代の創造』2003年、法律文化社

『新版GEの組織革新――21世紀型組織への挑戦』1997年、法律文化社

『新しい企業組織モデルを求めて』1994年、晃洋書房

『コンピュータ産業――ガリヴァ支配の終焉』1992年、有斐閣

『21世紀システム――資本主義の新段階』1991年、東洋経済新報社

『IBM――事業展開と組織改革』1985年、ミネルヴァ書房

『現代巨大企業の生産過程』1974年、有斐閣

2008年5月30日　初版第1刷発行

ドラッカー再発見

―もう一つの読み方―

著　者　坂本和一

発行者　秋山　泰

発行所　株式会社　法律文化社

〒603-8053　京都市北区上賀茂岩ヶ垣内町71
TEL 075(791)7131　FAX 075(721)8400
URL:http://www.hou-bun.co.jp/

印刷：西濃印刷㈱／製本：㈱藤沢製本

装幀　白沢　正

ISBN 978-4-589-03090-0